なぜ田舎の無名高校が東大、京大合格進学校になれたのか

—[illegible]園の躍進—

田野瀬良太郎
（西大和学園会長）

主婦の友社

はじめに

「開校当初は田舎の無名私立校。大半が公立高校の教員採用試験に落ちた教師と、公立高校の受験に失敗した生徒たち。平凡なすべり止め高校だったんですよ」

私が思い出話をすると、たいがいの方は目を丸くします。

「西大和って、進学校のあの西大和学園ですか？」

「きっと大げさに言っているんでしょう？　だって、あの西大和がそんなにわかにには信じていただけません。こうした方々の言う「あの西大和」の「あの」とは、現在の西大和学園中学校・高等学校に対する評価、特に大学への進学実績や中学・高校入試の偏差値を、おそらく指しているのでしょう。

東大、京大以外にも優秀な難関大学はたくさんありますが、両大学の合格者数を、ひとつのバロメーターとして使わせていただくのであれば、２０２３年の全国ランキング１位に開成（東京・創立１５３年）、2位に灘（兵庫・同97年）が入ってきて、西大和学園は全国3位。他の超名門校には全国的な知名度こそまだ及びませんが、ここ3年は全国トップ3を争う位置をキープしています。

さて、ここで奈良県の教育事情、進学事情について少しご説明しておきましょう。

文部科学省の行う学習状況調査では、小中学生が学習塾に通う割合についても統計を取っていますが、奈良県は長年にわたり全国トップレベルの通塾率となっています。また、ここ10年に渡り東大・京大合格者率（高校3年生1000人に対する合格者の割合）が47都道府県中、つねにベスト3をキープしていることがテレビ番組で紹介され、大きな話題となるなど、その高い進学実績でも注目されています。こうした数々のデータから、奈良県は全国の都道府県のなかでも特に「教育熱心な県」というイメージが定着しています。

奈良県は全県1学区制入試、つまり住んでいる地域にかかわらず、県内の公立高校ならどこでも受験できる制度を実施しています。

成績優秀な生徒は奈良、畝傍《うねび》、郡山《こおりやま》といった県立の進学校を受験するか、西大和学園、東大寺学園を筆頭に、奈良学園、帝塚山《てづかやま》、智弁学園など奈良県内にある中高一貫の私立進学校を選ぶ。さらに関西圏には、大阪に大阪星光、京都に洛南、洛星、兵庫に灘、甲陽学院と超難関を含め私立進学校がひしめいている通学圏という事情もあって、奈良県は中学受験、高校受験への関心度は昔からひじょうに高かったのです。

そんな関西圏で進学校と呼ばれているほとんどの学校は創立50年、なかには100年を超える名門校もあります。


そのなかで、西大和学園はとても〝若い学校〟です。

おかげさまで、関西圏では、すでに進学校としてある程度、認知していただけるようになりました。ですが、全国での知名度はまだまだありません。東京で仕事をしていると、「灘や東大寺は知っているけど、西大和なんて聞いたことないです」という方ばかり。

まだまだ全国区に知名度がない理由、それは、西大和学園の成長があまりにも急速であったためだと思います。

この急成長ぶりは「異例中の異例」とも「奇跡」とも言われ、なかには「表には出せない〝マジック〟でも使ったのだろう」といぶかる声も上がったほどです。いわく「進学塾から優秀な生徒を強引な方法で迎え入れたのではないか」「名門進学校から、受験のスペシャリストのような教員を引き抜いたのではないか」

とてもそんな知恵はありませんでした。

なかには、こんな残念な噂もありました。

「田野瀬は政治家だから、一般の庶民には知りえない〝奥の手〟を使って、数字の操作をしたのだろう」

たしかに、開校当時は奈良県の県議会議員という肩書を持ち、1993年に初当選してからは衆議院議員として国政に長く携わってきました。でも、学校経営者と政治家という立場はつねに切り離して考えていましたし、むしろ「政治家だから何がしかの恩恵にあずかっている」といった誤解を与えないよう、神経質なまでに線引きをしていました。


公立中堅校のすべり止めからスタートした西大和学園が、なぜここまで右肩上がりで進学実績を伸ばせたのか？　そこに「奇跡」や「マジック」は果たしてあったのか？

その答えをみなさんに見つけていただくべく、時計の針を開校初年度の1986年まで巻き戻してみたいと思います。

西大和学園会長　田野瀬良太郎

2024年4月

東大
合格者高校別
ランキング

※週刊サンデー毎日の記事を元に作成

2015年度	
開成	185
筑波大附駒場	112
灘	94
麻布	88
駒場東邦	82
桜蔭	76
聖光学院	74
海城	56
渋谷教育学園幕張	56
学芸大附	54
栄光学園	45
浅野	40
日比谷	37
久留米大附設	37
渋谷教育学園渋谷	33
東大寺学園	32
豊島岡女子学園	30
女子学院	30
西大和学園	28
早稲田	28
甲陽学院	28

2021年度	
開成	146
灘	97
筑波大附駒場	89
麻布	86
聖光学院	79
西大和学園	76
桜蔭	71
渋谷教育学園幕張	67
日比谷	63
駒場東邦	56
横浜翠嵐	50
浅野	48
海城	47
栄光学園	47
県立・浦和	46
久留米大附設	36
渋谷教育学園渋谷	33
早稲田	33
ラ・サール	33
岡崎	31
甲陽学院	31
旭丘	31
東海	31

2020年度	
開成	185
筑波大付駒場	93
桜蔭	85
灘	79
渋谷教育学園幕張	74
麻布	65
駒場東邦	63
聖光学院	62
海城	59
栄光学園	57
西大和学園	53
ラ・サール	42
日比谷	40
浅野	39
筑波大附	36
東大寺学園	36
渋谷教育学園渋谷	35
女子学院	33
県立・浦和	33
甲陽学院	33

2019年度	
開成	186
筑波大附駒場	119
麻布	100
聖光学院	93
灘	74
渋谷教育学園幕張	72
桜蔭	66
駒場東邦	61
栄光学園	54
久留米大附設	50
日比谷	47
海城	46
学芸大附	45
西大和学園	42
県立・浦和	41
浅野	39
東海	37
ラ・サール	34
甲陽学院	34
筑波大附	32

2018年度	
開成	175
筑波大附駒場	109
麻布	98
灘	91
栄光学園	77
桜蔭	77
聖光学院	72
学芸大附	49
渋谷教育学園幕張	48
日比谷	48
海城	48
駒場東邦	47
浅野	42
ラ・サール	42
筑波大附	38
早稲田	38
女子学院	33
西大和学園	30
東海	30
甲陽学院	27
武蔵	27

2017年度	
開成	161
筑波大附駒場	102
灘	95
麻布	79
渋谷教育学園幕張	78
聖光学院	69
桜蔭	63
栄光学園	62
駒場東邦	51
海城	49
学芸大附	46
日比谷	45
ラ・サール	40
筑波大附	39
甲陽学院	39
旭丘	37
女子学院	36
西大和学園	35
横浜翠嵐	34
浅野	32
武蔵	32
県立・浦和	32

2016年度	
開成	170
筑波大附駒場	102
灘	94
麻布	94
渋谷教育学園幕張	76
聖光学院	71
桜蔭	59
栄光学園	57
駒場東邦	57
学芸大附	57
日比谷	53
ラ・サール	44
豊島岡女子学園	41
早稲田	38
久留米大附設	37
東大寺学園	37
女子学院	34
西大和学園	33
筑波大附	32
西	32
県立・千葉	32

2024年度	

2023年度	
開成	148
筑波大附駒場	87
灘	86
麻布	78
聖光学院	78
渋谷教育学園幕張	74
西大和学園	73
桜蔭	72
駒場東邦	72
日比谷	51
栄光学園	46
横浜翠嵐	44
海城	43
浅野	43
渋谷教育学園渋谷	40
早稲田	39
東海	38
久留米大附設	37
ラ・サール	37
県立・浦和	36
甲陽学院	36

2022年度	
開成	193
筑波大附駒場	97
灘	92
聖光学院	91
西大和学園	79
桜蔭	77
渋谷教育学園幕張	74
日比谷	65
麻布	64
駒場東邦	60
栄光学園	58
海城	57
横浜翠嵐	52
久留米大附設	43
筑波大附	42
渋谷教育学園渋谷	38
ラ・サール	37
浅野	36
女子学院	31
旭丘	31

東大、京大合格者高校別ランキング

※週刊サンデー毎日の記事を元に作成

2015年	
開成	195
灘	130
筑波大附駒場	114
西大和学園	109
麻布	102
東大寺学園	102
甲陽学院	95
駒場東邦	90
聖光学院	82
洛南	81
桜蔭	79
大阪星光学院	72
北野	69
東海	69
渋谷教育学園幕張	68
学芸大附	67
洛星	67
海城	62
堀川	60
天王寺	55

2021年度		2020年度		2019年度	
開成	154	開成	198	開成	195
西大和学園	139	灘	128	灘	122
灘	131	北野	111	筑波大附駒場	119
北野	108	西大和学園	105	麻布	113
東大寺学園	99	東大寺学園	96	聖光学院	101
麻布	96	筑波大附駒場	94	東大寺学園	95
洛南	96	桜蔭	87	甲陽学院	83
筑波大附駒場	90	渋谷教育学園幕張	87	渋谷教育学園幕張	82
甲陽学院	88	甲陽学院	83	東海	77
聖光学院	83	天王寺	80	洛南	77
渋谷教育学園幕張	76	麻布	77	西大和学園	76
桜蔭	75	駒場東邦	74	北野	75
日比谷	73	聖光学院	71	旭丘	74
旭丘	70	東海	69	桜蔭	70
海城	62	海城	68	大阪星光学院	70
東海	62	洛南	68	駒場東邦	68
駒場東邦	61	旭丘	68	洛星	64
天王寺	58	栄光学園	63	栄光学園	61
横浜翠嵐	57	膳所	61	久留米大附設	61
洛星	57	奈良	59	海城	61
岡崎	57				

2018年度		2017年度		2016年度	
開成	185	開成	171	開成	181
灘	133	灘	134	灘	141
麻布	114	筑波大附駒場	105	麻布	108
筑波大附駒場	111	東大寺学園	92	筑波大附駒場	106
洛南	96	麻布	90	東大寺学園	102
北野	91	甲陽学院	90	洛南	83
西大和学園	87	渋谷教育学園幕張	89	甲陽学院	83
桜蔭	80	洛南	89	西大和学園	82
栄光学園	80	旭丘	77	渋谷教育学園幕張	81
聖光学院	75	聖光学院	76	聖光学院	78
東大寺学園	75	西大和学園	75	大阪星光学院	71
甲陽学院	70	膳所	69	北野	69
東海	68	北野	69	栄光学園	67
天王寺	66	栄光学園	68	堀川	66
膳所	65	東海	66	学芸大附	65
旭丘	62	桜蔭	65	洛星	64
渋谷教育学園幕張	61	駒場東邦	63	東海	64
海城	59	学芸大附	59	駒場東邦	62
駒場東邦	58	堀川	59	日比谷	62
大阪星光学院	57	洛星	56	桜蔭	61

2024年度		2023年度		2022年度	
		開成	157	開成	215
		灘	131	灘	140
		西大和学園	112	西大和学園	119
		麻布	93	北野	105
		北野	90	東大寺学園	101
		筑波大附駒場	89	筑波大附駒場	98
		洛南	89	聖光学院	97
		渋谷教育学園幕張	86	洛南	86
		聖光学院	84	渋谷教育学園幕張	81
!?		駒場東邦	83	麻布	80
		甲陽学院	83	桜蔭	79
		東大寺学園	82	日比谷	78
		桜蔭	78	旭丘	71
		大阪星光学院	71	甲陽学院	69
		堀川	67	栄光学園	67
		旭丘	64	駒場東邦	66
		東海	63	海城	65
		岡崎	60	久留米大附設	60
		横浜翠嵐	58	東海	59
		日比谷	55	横浜翠嵐	58
				清風南海	58

CONTENTS

もくじ

はじめに……2

第1章 日本一の学校を目指して……11

窓ガラスのない教室で／日本一の学校を目指して／どこにでもある「中堅クラス」の私立高校／放課後の大混乱／全人教育か？　スポーツ強豪校か？／どこだって本当は進学校にしたいんですよ／賛成派たった二人からのスタート／エリートになり切れなかった教師たちの本音／進学校推進派VS改革否定派／出過ぎた杭は打たれない／授業の一変に戸惑う生徒たち／スピードチェンジ授業／生徒は熱い教師についていく／教師はお山の大将／ところで君、お酒は飲めますか？／12人の新卒教師とともに／入学前に三者面談を実施／週末に夢を語り合う

第2章

西大和学園の原点

西大和学園の原点……63

1年間の海外放浪の旅に出発／社会主義国家の現実を知る／世界中の人々が日本に注目していた／タイで政治家を志す／市会議員になる／議員浪人としての8年間／保育園をつくる／学校をつくりたいという夢が広がる／資金ゼロからの学園づくり／プロも断言「この学校はきっと人気になる」／収まりきらない受験生の長い列

第3章

関西トップ進学校への道

関西トップ進学校への道……87

学校の混乱は続く／体育系クラブの躍進／体育教師たちの抵抗／明け方まで続いた体育教師との話し合い／突然の部活動規制令／スポーツオタク、勉強オタクになるな／関大20人合格が最初の目標／恐れずどんなことでもやってみる／トップ進学校はチャイムの音が違う／自習室の失敗／クーラーのない教室と生徒の逆襲／泊まり合宿で絆を深める／隣の担任がライバル／学年責任制度の採用／先生は営業マンでもある／保護者の願いを全部かなえた学校／なぜ学校には校長・教頭・先生しかいないのか

第4章 東大合格者急増のわけ …… 131

原石を発掘する／先生の力で生徒が変わったエピソード／自分自身が登校拒否だった福井先生／東大合格者第1号誕生！／国公立実績を上げる／6期生（中学1期生）の快挙／受験失敗ショックも行事で払拭／中学入学後の最初のテストで6年間のすべてが決まる？／海外研修旅行／世界へ飛び出す西大和学園6期生／生え抜き校長は34歳／進学推進派vs改革否定派の10年戦争に終止符／灘校の高すぎる壁／ダーウィンのことばを信じて／全国ランキングトップ10入り／「受験勉強だけじゃなく、いろんなことを学びたい」という子が出てきた

第5章 西大和学園の現在と未来 …… 177

生徒を劇的に変えたスーパーサイエンスハイスクール／さらに多様化した英語教育／英語で世界の学生と討論できる模擬国連／京大ならどこでもいいという生徒はもういない／70項目の改革案／日本一放課後が賑やかな学校になった／東大合格者増加のポイント／世界で活躍する大人と出会えるトップランナー講義／東大をすべり止めに海外名門大学へ／アメリカ西海岸に西大和学園の教育を展開／女子短大から始めた大学づくり／夢の4年制大学がついに開学／実学・実践を重んじる究極の大学／西大和学園ゆずりの面倒見のよさで有名企業・難関大学院に続々合格／西大和学園の国際教育の集大成「グローバルビジネス学科」誕生／大炎上した「東の早慶、西の大和」／人生にウルトラCはない／次世代のリーダーたちへ

第1章

日本一の学校を目指して

窓ガラスのない教室で

ダーンッ！

すさまじい音で授業が中断された。職員室にいた先生たちが窓辺に駆け寄り、身を乗り出して地面を覗き込む。

「机ですよ、机！　机が落ちてる」

「また、あいつらか」

何か気に入らないことでもあったのか、それとも仲間同士でふざけ合っているうちに勢い余ったか、生徒が教室の窓から机を放り出したのだ。

「ちょっと行ってきますわ」

椅子の脇に立てかけてあった竹刀を手に取り、体育教師が階段をどしどしと駆け上がっていく。

〝現場〟にたどり着くやいなや、授業中でもおかまいなくドアを乱暴に開け、

「誰や」

絵に描いたようなこわもて体育教師のすごみを効かせた一言に、生徒たちの大騒ぎがピタリと止まる。

「お前か？　ちょっと廊下に出えや」

「先生、すんません。ちょっと手がすべっただけですわ」

「お前、この前もやったろ？　2回も偶然手がすべることあるか！　ケガ人でも出たらどうすんねん！」

怒号が、まだ1期生だけで空き教室の多い、がらんとした校舎に響き渡った。


放課後になっても、職員室の空気はどこか落ちつかない。

「今日こそ何も起こりませんように」

教員たちは心で祈りながら教材研究や部活の準備を粛々と進めるが、その祈りはたいてい一本の電話でかなわぬものとなる。

「嶋田先生、すんません。王寺駅まで急いで行ってもらえますか？　今、駅員さんから電話がありまして、うちの子らが他校の生徒とケンカしてるそうですわ」

「またか。かなわんな」

もめごとが起こり、〃力わざ〃が必要なときは、たいてい体育教師で生活指導部長でもある嶋田先生が駆り出されることになる。

西大和の丘の上にある学校からJR大和路線王寺駅までは、なだらかな坂を下って徒歩20分弱。クルマなら10分とかからない。急ぎクルマを走らせ王寺駅に到着すると、制服同士がまだもみあっている。

「お前ら、ええ加減にせんかい！」

襟首をつかんで強引に引きはがし、押さえつけた頭を駅員に向けて下げさせる。

「えらいご迷惑おかけしました」

「いくら新しい学校いうても、こういう指導は徹底してもらわんと。おたくの学校、そりゃまあエラい〃評判〃になってますよ」

「はい、よく言って聞かせますんで」

平謝りに謝り、生徒を追い立てるようにして駅を出る。

「殴られたんか？　口から血い出てるやないか」

「先生、人数がちゃいますもん。あいつら大勢で卑怯やねん」

「なんや、やられっぱなしか？　尻尾巻いて帰ってくんな！」

日本一の学校を目指して

数日後、学校の理事長室。

「そうですか。机と、駅でのケンカですか」

私は校長からの報告を受けていました。

開校から数カ月、こんな報告には慣れっこになり、もう驚くこともありません。

「机を投げたのは、先週のトイレットペーパーの子と一緒ですか?」

「ああ、いましたな。トイレットペーパーを廊下でまき散らしていた子らが。あれとはまた別の生徒ですね」

「ほんなら、以前、教室の窓ガラスを割った子かな?」

「ああ、そうです、そうです。でも、窓ガラスを割ったのはほかにもいますから。それと最近、通学路の工事をしている業者から苦情が来まして。なんでも塗りたてのコンクリートに足あとをつけた奴がいると。たぶん、うちの生徒のイタズラに違いないから、犯人を突き止めてくれと言うてます」

「誰の仕業か分かったんかな？」

「いえ、それがまだ。ケンカなら、おおよその見当はつくんですがね」

「……そうですか」

教員たちの前では平静を装っていたものの、こうした報告を聞くたびに、私は心のなかでいつもつぶやいていました。

「こんなはずではなかった……」


40歳で「地元・奈良県に高校をつくろう」と思い立ち、3年間、準備を進めてきたなかで、私の頭のなかでは理想の高校がはっきりと形づくられていました。その理想とは、一言で表すなら「日本一の高校」です。

漠然としていますが、少なくとも生徒が教室の窓から机を放り投げたり、ケンカ三昧で近隣にご迷惑をかけたりするような学校でなかったことはたしかです。だからこそ、「こんなはずではなかった」のです。

「日本一の高校」という理想には、もちろん「進学校としてもトップクラスを目指したい」という思いも当初から込めていました。

実際、1期生を募集するときに関係者に配布した学校案内には、建学の趣意や本校教育の特色として、こんな一文を盛り込んでいます。

・本校は第一に、生徒ひとりひとりが自己の能力、個性を極限まで開発し、自己実現のよろこびを感得しうるように最善を尽くさなければなりません。

・進路は高校教育の総和です。従って進路指導の徹底を期し、特に進学のための十全な素地づくりを図ります。

・西大和学園の出口に有名大学の入口がある。――そう言われるべく、まず関関同立合格の学力はつけます。そして、その延長線上に国公立大への展望もひらけてきます。

・私学としての可能性を極限まで追求し、責任ある指導をします。かくして清風、明星、上宮等の域に可及的速やかに到達致したく存じます。

ちなみに「関関同立」とは、関西大学、関西学院大学、同志社大学、立命館大学の関西有名私大4校を指します。また、「清風、明星、上宮」は、いずれも大阪にある名門私学です。

どこにでもある「中堅クラス」の私立高校

第2次ベビーブームの世代で、生徒数が急増していたこの時代、奈良県でも県内だけでは高校、特に進学校が足りず、大阪など関西圏に優秀な生徒が流れていく現状にありました。それを食い止めるべく、まずは大阪の有名私学並みのレベルを目指していたのです。

第1回の入学試験では、男女合わせて定員315名のところ、あえて合格者を定員以下に抑えることにしました。その結果、初年度入学者の学力は、奈良県内にある四十数校の公立高校では中堅クラス。偏差値は50前後だったでしょうか。

この「中堅クラス」というのが実はやっかいなところで、明確に大学進学を目指している生徒もなかにはいるものの、多くは高校受験を勉強の最大の山場ととらえており、高校では思いきり羽を伸ばそうと思っていたり、公立高校に落ちて劣等感を抱いていたり。

生徒たちに我が校の志望動機を聞いてみても、こんな調子でした。

「奈良の公立を落ちてしまい、すべり止めでここしか入れなかったから」

「大阪の私学や奈良の公立に比べて、奈良の私学は入試時期が一番先で、できるだけ早く勉強から解放されたかったから」

「制服が可愛かったから」

「新設校だから校舎も新しくて、居心地がよさそうだったから」

「新設校で先輩がいないから、自由に、好き勝手にできそうだったから」

勉強が決してできないわけではないけれど、向学心に乏しく、要領もあまりよくない。そんな生徒がいる一方、とことん劣等生ではないけれど、それなりにやんちゃをしたい生徒もいる。

西大和学園高等学校の記念すべき1期生は、どこにでもある中堅クラスの私立高校同様、学力的にもごく普通で、どこかのんびりした子も多かったのです。

入学したのは男子186名、女子32名の計218名。

いくら幅を利かせても先輩にガツンとやられることはありませんから、彼らは自由気ままに、好き放題に学園生活を送り始めました。

「授業に飽きた」といって、勝手に教室から出てしまう子もいれば、「気が向かない」といって学校にすら出てこない子もいる。外へ出ればケンカや迷惑行為は当たり前。教員が駆り出されない日はないというほどでした。

現代の子どもたちは、昨日まで優等生だった子やおとなしく目立たなかった子がいきなり世間を震撼させるような凶行に走るという事例も多いですが、1980年代の子どもたちは不満や悩みのはけ口を、今よりもっとストレートに大人や学校へぶつけていた気がします。ヤンキーやツッパリを気取る生徒も多く、西大和学園でも窓ガラスやげた箱のドアを修理する業者が絶えず出入りしていました。

「理事長、あの子らが落ちつきがないのは、なにも本人たちのせいだけやないと思います」

開校からほどなく、私は教員たちからこんな報告を受けました。

彼らいわく

「放課後の校内は今、とんでもないことになっているのです」

放課後の大混乱

授業が終わり、野球部の練習に向かおうとしている生徒を、ひとりの先生が呼び止める。

「お前、この間のテスト、悪かったやろ？　ちょっと残って勉強していきや」

言われた通り、生徒が教室に戻ろうとしたところへ、通りかかった野球部の顧問が一喝する。

「おい、なにグズグズしてるんや。補習なんてやらんで、早くグラウンドへ行って練習しろ！」

正反対のことを言われて、生徒は戸惑うばかり。

大学進学を目指す生徒に対しても、その指示は真っ二つに分かれていました。

A先生「部活を頑張ったら推薦で大学に行けるぞ」

B先生「部活なんか行ってないで勉強しろ。一所懸命勉強しなければ、大学に合格できないぞ」

生徒はたまらずC先生のところへ駆け込み
「あのー、A先生とB先生の言ってること、どっちがほんまですか？」
こんなふうに、授業が終わった午後3時ごろから、教員たちによる生徒の奪い合いが始まり、校内では収拾のつかない状態が続いているというのです。

これには頭を抱えました。

なぜなら、大混乱の原因はすべて私にあったからです。

1983年に39歳で奈良県の県議会議員になった私は、学校不足に悩む奈良県の窮状を知ったこと、また議会の場で教育について議論していくうちに、机上の空論ではなく、学校現場に飛び込み教育の実践をしてみたいと強く思ったことから、学校づくりにチャレンジすることを決めました。

つまり「高校をやりたい！」という思いの強さだけが先行していたのです。

それでも「つくるなら日本一の高校を」という理想だけは抱いていたので、英語や数学、

国語といった主要教科の教員たちには
「とにかくいい大学へ、子どもたちが希望する大学へ必ず行かせてやってほしい。そのためには補習でもなんでもやってくれ」
と言っていました。しかし、その一方で、私はつてを頼って運動部で実績のある先生方を集め、彼らにハッパをかけていたのです。
たとえば、野球部の顧問には
「とにかく徹底的に仕込んで、必ず甲子園に出場させてくれ」
サッカー部の顧問には
「まずはインターハイ出場。そして近い将来、全国選手権で優勝できるようにしてほしい」
どの先生に言っていたことも、その時点では真剣そのもの。私のなかでは学業でもスポーツでも全国トップクラスの私学に、との思いがありました。
ただ、開校の段階では英数コースを設置したり、習熟度別クラス編成を考えていたりした程度で、進学校として特別なカリキュラムを組んでいたわけでもありません。また、スポーツ特進コースを設置したわけでもありません。つまり、私が教員たちに送った指示は威勢のよさだけで、緻密なプロセスに裏打ちされていたものではなかったのです。

それでも、新卒者中心の若い教員たちは、「理事長からお墨付きをもらった」とばかりに、張り切って与えられた使命、すなわち補習や部活にそれぞれが取りかかりました。

「目指せ日本一」という合言葉は一緒でも、駆け出す方向はバラバラ。生徒への教育や指導もバラバラ。これでは生徒が混乱するのも当然、学校が荒れてくるのも当然です。

全人教育か？　スポーツ強豪校か？

私のような教育現場の素人が経営すると、こんなことになってしまうのか。一体、どうしたものか。

開校数カ月にして、早くも大きな試練につきあたりました。しかし、悔やんでいても学園は荒れていく一方です。できるだけ早いうちに方向修正を決断しなければなりません。

「何もかもできればいいというものではない。やはり、高校にはひとつの路線が必要です。それをみなさんと考えていきたい」

私は教員たちに、自分の考えを率直に伝えました。

全国の高校、特に私学にはそれぞれ特色があります。

女子の職業教育を中心とする高校、スポーツエリートの養成に特化した高校、高い進学実績を維持する高校などなど。では、西大和学園はどんな特色を持つべきか——。その答えを出さない限り、学校の立て直しはいつまでたってもできません。

議員活動の合い間を縫って、あるときは職員会議の場で、私は彼らとの議論を重ねました。時には夜中まで議論が続いたこともありました。

とはいっても教員それぞれが目的意識を持って、すでに走り始めていましたから、そう簡単に意見がまとまるはずはありません。

校長、教頭は県立高校の校長を極《きわ》めた二人に就任していただきました。

その校長は、奈良県内の公立の進学校で校長まで勤めあげた方でしたから、進学路線に否定的なわけではない。かといって勉強だけをさせていたら、かたよった人格形成がなされる恐れもあるので、「やはり全人教育をすべきではないか」という意見をお持ちでした。

また、教頭は県立高校での教員時代、部長兼監督として野球部を春夏の甲子園に出場させた経験もあり、いわば体育会系。進学に特化した教育を、完全に良しとはしません。これ以上、議論を続けても、それぞれの主張は平行線をたどるのみで、結論が先延ばしにされてしまう。学校が初めての夏休みを迎えるころ、私はついに、ひとつの決断を下しました。

「西大和学園は、今後、進学校としての道を極めていく」

どこだって本当は進学校にしたいんですよ

文武両道のオールマイティな高校ではなく、スポーツの強豪校でもなく、熟慮の末に「進学校」を選んだのは、やはり「議論」が大きな決め手でした。教員たちと議論するかたわら、私は全国の私学をまわり、経験豊富な他校の先生方と忌憚《きたん》のない意見交換をしながら、多くの助言をいただいたのです。

たとえば神奈川県横浜市にある桐蔭学園。当時、桐蔭学園は創立20年ほどでしたが、1971年には硬式野球部が甲子園に初出場、初優勝の快挙を成し遂げる一方、進学実績も着実に上げていました。文武両道の道を探るには、まさに格好のモデルです。そこで、学園を創設した当時の理事長に、さっそく意見を伺いに行きました。

そのほかにも、1981年の開校以来、サッカー部や野球部が全国レベルの活躍を見せ、進学校としても注目を集める埼玉県の西武台高校を訪ねたり、京都の東寺高校を改称し洛南高校という名門校に育てあげた理事長にも話を伺ったり。

奈良県の無名の私立高校からやって来た、しかも県会議員との二足のわらじで、教育の現場をよく知らない理事長など、本来なら見向きもされないでしょう。でも、私のほうは「とにかく早く結論を出したい。そうしなければ、生徒たちがクサってしまう。彼らの貴重な3年間を無駄にしてしまう。ゆくゆく、せっかくつくった学校を潰してしまう」と必死です。その必死さが伝わったのか、どの学校の先生方も私学の在り方そのものから、私学の置かれた現状まで丁寧に教えて下さいました。

さまざまな学校を回りましたが、学校づくりに真摯に取り組む先達たちの意見は、みなさん、ほぼ一致していました。

「今は第2次ベビーブーム世代が進学し、高校生が増えているが、これからは違う。間違いなく減少の一途をたどる。高校自体が生き延びようとするなら、やはり進学実績をしっかり上げて、『ここなら行ってみたい』『子どもを行かせたい』と思ってもらえるような高校にしないと」

文武両道を見事に体現している学校でさえ、中心となる先生に話を伺うと、こんな本音ももれてきました。

「うちも、どちらかといえば学業とスポーツ、どちらにも振りきれず中途半端なのです。正直に言えば、うちも変えられるものなら進学校に変えたい。でも、ひとつの路線が定着してしまうと、そこから方向転換するには相当の手間ひまがかかります。だから田野瀬理事長、何事も最初が肝心ですよ」

学校の存続を考えれば、本当はどこだって進学校にしたい。そのほうが、確実に経営が安定するから。私学のシビアな実情と本音を知り、私の心は決まりました。

賛成派たった二人からのスタート

夏休み直前、私は職員会議の場で進学路線への変更を伝えました。

全国の私学では、すでに生徒数の減少に大きな危機感を抱いている。奈良県も例外ではなく、国・公・私立を合わせた小学校の在籍者数は、4年前の13万3000人をピークに、1986年現在は12万人まで減っている。中学校の在籍者数は7万人でまだ増加傾向にあるが、すでに頭打ち状態。今後10年以内に1万人以上減少することは間違いない――。

こうしたデータを並べた上で、私は教員たちに宣言しました。

「これからの西大和学園は進学校でいきます。進学校しか生き残る道はありません」

ちなみに、2023年度における奈良県の小学校在籍者数は約6万2000人、中学校では約3万4000人。1986年当時から実に半分まで減ってしまいました。タイムマシンでもあれば、一も二もなく全員が納得してくれたでしょうが、もちろん私の手元にあるのは、あくまで〝予測データ〟でしかありません。

教員たちの反応は、意外なほど薄いものでした。

とてもイエスとは言えないが、理事長の私に面と向かって異を唱えるのはさすがに気が引けたのか。はたまた「有名私学の先生たちに感化されただけ。一時の気まぐれだろう」と流されたのか。まだ具体的な改革案を示したわけではなかったので、おそらく大半の教員は「ピンとこない」というのが本音だったかもしれません。

そんななか、いち早く進学路線に賛同してくれた先生もいました。たった二人だけですが。

そのひとりが、福井士郎先生です。

福井先生は、私立の進学校で数学と理科を教えるかたわら、進学指導を担当していました。西大和学園に来た当時は36歳。若い教員たちのなかでは年齢もキャリアも上でした。

生徒がどんなにやんちゃをしても

「最初から形ができている進学校に入るよりは、ドロドロのなかから『それは無理やろ』ということに挑戦するのが好きなんですよ」

と言いながら、涼しい顔で教壇へ向かう先生です。

進学路線への変更について意見を求めると

「生徒数の減少をみたときに、運動部で将来この学校はやっていくか、文化部のクラブ活動でやっていくか、それとも勉強か、選択肢はそのどれかになるが、やはり中途半端な私学はしんどくなっていくでしょう。そうなると、一番永続性、将来性がある道を選ぶのが賢明です。経験から言って、それはやはり進学ということになるでしょうね」

客観的にそう分析し、進学指導に関する手持ちの資料を提供してくれました。

もうひとりの賛同者は、英語を担当していた平林春行先生です。

平林先生は公立中学に数年勤め、25歳で西大和学園に入ってきました。

彼の持ち味を一言で表すなら「情熱」です。授業においても、学校づくりにおいても、とにかくまっすぐで、熱い。進学路線への変更を宣言したときも、彼の反応は直球ストレートでした。

「その改革は、本当に生徒らのためになるんですね？　この学校のためになるんですね？」

怖いほど真剣な目で何度も確認した末に、賛同してくれたのです。

反対派の先輩教員も多く、現場のトップである校長や教頭でさえ100％受け入れているわけではない。四面楚歌といってもよい状況のなか、真っ先に手をあげるのはよほどの勇気が要ることです。

その日以来、推進派の中心人物として一心不乱に改革を推し進めてくれた平林先生ですが、最近になって改めて当時の心境を聞いてみると、ちょっと意外な答えが返ってきました。

「実は、自分のなかではずっと葛藤していたんです」

エリートになり切れなかった教師たちの本音

少し長くなりますが、以下は平林先生が語ってくれた当時の心境です。

「僕のなかでは『進学教育は勉強一辺倒』というイメージがあったんです。

もともと、公立の教員としてスタートし、最初に指導を仰いだ先生が、地域の人と寄り添いながら子どもをどう支えていくかという教育に心を砕いておられる方でした。それこそ『親御さんとふれあうためにも、家庭訪問は毎日せなあかん』というところから教えてもらったんです。

進学路線はそれとは真逆に感じられて、抵抗感がありました。『俺がやろうとしているのは、こんな教育じゃないのでは？』と。だから、正直に言うと、西大和学園をやめて、やはり公立の学校に行こうかと。

開校当初の西大和学園には、公立高校を落ちた生徒がたくさんいましたが、考えてみると当時の教員たちも、どこかでエリートになりきれなかった者が多かったような気がします。『学生時代はもっとこんな大学に行きたかった、本当はほかの違う道に行きたかった。あるいは公立の教員になろうか』という。私もそのひとりでした」

当時の公立の学校のなかには、エリート至上主義だといって、私立の進学校を公然と批判する教員もいて、彼も短期間とはいえ「アンチ私立進学校」の空気を吸ってきたうちのひとりでした。

ところが、着任から1年と経たないうちに、西大和学園が進学校へシフトチェンジすることになります。

でも、ここが平林先生の面白いところ、エネルギッシュなところで、反対するのではなく、むしろ「思いきってアンチの世界へ飛び込んでみよう」と思ったのだそうです。

「地域と人と寄り添う教育を志向する自分が私学へ来て、そして進学教育をやらなければならないとは、なんと皮肉な話だろう。でも、これが運命なのだとしたら、進学校というヤツを、いっそ極めてやろう。いったい進学校ってなんやねん？　そこのところを徹底的に理解してやろう。そんなふうに腹を決めたんです」

少数ながらも前向きで頼もしい彼らとともに、私はいよいよ改革に向けて大きく舵を切ることになりました。

進学校推進派VS改革否定派

夏休みが明けて早々、放課後の職員会議で事件は起きました。

集まった教員たちに資料を配ると、福井先生がこう切り出したのです。

「今日の会議は、授業の新カリキュラムを発表する場とさせていただきます」

「おい、いきなりなんだ！」

早くも、ひとりの教員が声をあげました。配られた資料にざっと目を通し、怒りに震える教員たちもいます。にわかに色めき立つ職員室。

「新しいカリキュラムの基本は、高校2年間で3年間分の授業時間数を確保するということです。高校3年次は受験対策の期間とします。よって……」

「なんのためにそんなことするんや！」

「勝手に言いやがって！」

次々と上がる怒号。それでも、福井先生は淡々と説明を続けます。

「よって、授業時間確保のため、時間割はこれまでの50分6限から、60分7限授業とし、長期休業日である夏休み、冬休み、春休みもそれぞれ短縮します。この調整で2年間の総トータルの授業時間が、一般の公立高校3年間の時間数とほぼ同じとなります。なお、新しい時間割での授業は若干の調整をした上で数日中にスタートさせることとなります」

「まだ9月やろ？　年度途中でいったい何を言ってるんや！」

椅子を蹴って出ていこうとする教員を、平林先生が押しとどめます。一触即発の空気が充満するなか、たった二人の進学路線推進派による説得は、2時間以上続きました。

発表した新カリキュラムは、夏休み中に福井、平林両先生と私で練り上げたものです。

そして、実はカリキュラムの大幅変更を知っていたのは、私たち3名と改革に賛同する職員数名という、ごく限られたメンバーのみでした。校長、教頭ですら、職員会議の場で初めて変更を知ったのです。

筋が違うと言われればそれまでですが、これには私なりの考えがありました。前もって根回しをしたとしても、改革に否定的な教員たちには彼らなりの確固たる教育観があるから、100％の賛同は得られない。表面上は納得しても、気持ちはくすぶったままです。

ならば、唐突に切り出してみて、まずどのくらいの反発があるのか、本音のところはどうなのかを確認したいと思ったのです。

それに、人は誰でも悶々としているうちは思考もネガティブになりがちです。逆に、思いきり本音を吐き出せば、せいせいして前向きな気持ちが生まれてきます。そんなガス抜きの効果も期待して、突然の発表に踏み切ることにしました。

先ほど「職員会議で事件は起きた」と書きましたが、実は確信犯的な行動であり、事件は起きたのではなく「起こした」が正しいのです。

否定派の教員たちの反応は、予想通り、いや予想以上のものでした。

出過ぎた杭は打たれない

多くの教員にしてみれば、望まない進学路線を強制され、しかも自分たちの知らないところですべてが決められたような形になったわけですから

「なんでお前らだけが理事長とやり取りをしているんや」

というやっかみも、少なからずあったはずです。

否定派のそんな気持ちを鎮めるために、そして進学路線への理解を求めるために私は校長、教頭と何度も話し合い、「この道しかない。分かってほしい」と粘り強く説得しました。

「学校教育というのはいろいろな側面、いろいろな価値観が存在する。進学指導もひとつの教育なら、スポーツに一所懸命になるのも、文化活動、課外活動にいそしむのも教育の一環。それを分かった上で、今は学校の未来のために、進学という価値観に統一する必要があるのだ」と。

数週間後、私は福井先生から2度目の会議の報告を受けました。

「今回は、おだやかに会議が進みました。前回のあの修羅場が嘘のようです」

猛反対していた校長、教頭が、今回は終始、黙り込んでいたそうです。トップ二人が進学路線を受け入れたことを知り、他の教員たちも反撃の矛《ほこ》を収めざるをえなかったのでしょう。

これをもって一件落着、あとは改革に向けて邁進《まいしん》するのみ。


本当はそれが理想ですが、そう簡単に動かないのが人の心です。

微笑を浮かべながら、福井先生が当時の思い出をこんなふうに振り返ります。

「実はあれ以来、職員室で険悪な雰囲気が漂っていて、睨みつけるような眼差しが……。よほど私のことが腹に据えかねたんでしょうね」

神経質な性格の人がこんなことをされたら、とっくに胃潰瘍にでもなっていたはずです。でも、福井先生は柳に風というのか、どこか泰然自若としたところがあります。また、長い教員経験から肝も座っていたので、否定派のひそかな反抗にも飄々《ひょうひょう》としていられたのでしょう。

一方、平林先生はまだ若く、しかも何事も真正面から受け止める性格だけに、攻撃の矢面に立つことも多かったようです。

若手教員たちを説得する役目も担っていた平林先生は、このころ、毎晩のように彼らを飲みに誘い、語り明かしていました。

「結局、平林先生は進学実績、つまり数字を上げたいだけやろ」

「数字は上げるよ。でも、それが子どもたちの可能性を広げるんやという考えにはならんかな」

「そんなきれいごとばかり言ったらあかんで」

「そこまで言うなよ。きれいごとかも分からへんけど、決めた方向に精一杯進もうというなかで、実現しないといけないものもあるし、そうかといって子どもたちの思いもあるやろうし。俺らは、それをうまいこと両立させていかなあかんねん」

「ほら、やっぱりアンタはきれいごとの人や」

あるとき、目の下に隈《くま》をつくり、疲れ切った様子の平林先生が、私に相談を持ちかけてきました。

「理事長、僕のような青二才が説得したところで、しょせん無理なんちゃいますかね。教員全員の目を進学のほうに向けさせるなんて」

「そりゃあ、今日、明日に変えろというのは無理やろな。時間をかけないと」

「でも、時間が経てば僕も歳を取りますけど、向こうも同じように歳を取ります。いつまで経ってもその差は埋まりません。『生意気なヤツが何を言うか』と延々に言われるだけですわ」

「そんなことはないよ。出過ぎた杭は打たれない。そのうちに、だんだん、まわりも『なるほどな』と思ってくるんよ」

これは、議員生活から得た私のなかでの真理です。


34歳で五條市議会議員選挙に再選したとき、私はすぐさま「次は奈良県議会の議員選挙に出る」と周囲に宣言しました。市議会の副議長をして、議長をして、と段階を踏んで、初めて市会議員は県会議員への挑戦を許される。それがこの世界での〝常識〟です。私のような一期終わったくらいの、それこそ青二才が、いきなり県会議員を目指すなど言語道断に等しいのです。

先輩や同僚の議員を含め、総スカンを食った私は、案の定、初の県議会議員選挙で落選。4年間の浪人生活を送ることになりました。

それでも、4年の間に根気強く理解を求めるうちに、周囲の空気はしだいに変わっていき、市会議員も4人、5人と応援してくれることになったのです。

こうした経験を語った上で、私は平林先生を元気づけました。

「懸命に頑張っていたら、そのうち応援してくれる人が出てくる。『こいつ本気やな。だったら応援したろ』という人が出てくる。出過ぎた杭になれば、むしろみんなが寄ってきてくれる。協力してくれる。そういう存在になれ」

授業の一変に戸惑う生徒たち

教員たちの一応の賛同を得て、新学期からほどなく、新たなカリキュラムがスタートしました。

教室の壁に貼り直されたのは、7限まで延びた新しい時間割。

「何これ？　授業が終わるの、いったい何時やねん！」

「先生、俺らに何をさせようとしてるんや！」

生徒たちは、あ然、茫然。どのクラスも、軽いパニック状態でした。

受験前の学校説明会では、「西大和学園は進学にも力を入れます」とお話ししていました。それに入学後も補習はすでに行っていましたから、生徒たちのなかではある程度、「勉強もちょっとはやらなあかんかな」という気持ちも芽生えていたとは思います。でも、まさかここまでとは……。

多くの生徒にとって、西大和学園はどこにでもある中堅的な私学という認識でした。スポーツもやり、勉強もやり、すべて、ほどほどに頑張ればいいというイメージです。ところが、楽しい夏休みを過ごして登校してみたら、いきなり何もかもが変わっている。これでは、戸惑うなと言うほうが無理でしょう。

そもそも、「大学進学」という目標自体にピンと来ていない生徒もたくさんいました。

当時は、大学より専門学校に行きたいという生徒や、1980年代の一時期にブームとなった米国大学の日本校を希望する生徒も少なくありませんでした。特に米国大学の日本校は、入試がいらないところも多かったので、「ラクに入れて、なんとなくカッコいい」という理由で人気を集めていました。

「高校受験でこりごり。早く勉強から解放されたい！」

それが、当時の生徒たちの本音でしょう。

そんな子どもたちを、わずか3年足らずで関関同立の有名私大、さらに国公立大学合格に向かわせようというのですから、これは相当なプロジェクトです。いえ、荒行といってもいいかもしれません。

スピードチェンジ授業

改革の先頭に立つ福井先生は、自身が担当する数学の授業で、さっそくギアチェンジを図りました。

「数学で教え方のギアを上げるには、二つほど要素がある。ひとつは早くしゃべること。もうひとつは深い内容を説明すること」

それが、私立進学校での指導で先生が得た持論です。

ギアチェンジ初日。福井先生が授業を始めました。

「今日の○#%&▲＊&%$#○#%&▲＊&%$#……」

あまりにもスピードが速すぎて、生徒はついていけません。

「先生、何を言ってるのかサッパリ分かりません。もう少しゆっくりしゃべって下さい」

「いや、このまま行きます。君たちは、とにかく前を見ていなさい。私の口だけを見ていなさい」

これでは授業にならない？　でも、福井先生はこう解説します。

「最初はもちろん分かりません。でも、ひと月ほど経つと、みんなそのスピードに慣れてくるんです。つまり思考のスピードがものすごく速くなる。これは英語のリスニングと一緒です。ナチュラルスピードで聞き続けたら、そのうちなんとなく聞き取れるようになるでしょう？　頭が速く回転するようになるんです。

授業のスピードを上げてしゃべると、生徒の思考力にもスピードがついてくる。ということは、計算が速くなり、考えるスピードも速くなるんです」

思考のスピードの差は、そのまま試験を解く時間感覚の差に直結します。

同じ1時間の試験が、スピードの遅い子どもにはそのまま1時間である一方、スピードの速い子どもにとっては2、3倍も長く感じられる。余裕をもって試験問題を解けるわけです。数学で身についた思考スピードは他教科でも発揮できますから、各教科の理解力アップにもつながります。

もうひとつ、福井先生が実践したのは、授業中、生徒にノートを取らせないこと。授業が速すぎて書くヒマがないということもありますが、これにも理屈があるそうです。

「学校の黒板に書くことは、心配しなくても参考書に全部書いてあるんですよ、しかもきれいにまとめて。だから、授業中はポイントだけを教科書にメモらせる。書かれていないことを私が言ったときだけ、書き込みの作業をさせるのです。だらだらと書いていた分、しっかり話を聞いておきなさいという授業です」

このピンポイント書き込み法により、これまで5題ほどしか進まなかった数学の問題が、同じ授業時間で一気に10題ほど進むようになるそうです。

レベルアップした授業についていけない生徒には補習をして、「分からない」までは帰さない。7限が終わり、補習が始まるのは午後6時前。補習が終わり学校前の坂を下りながら「なんだ、もう月が出てるじゃないか！」と、初めて気づく生徒も多数いました。

「入学当初は『先生、琵琶湖ってどこですか？』なんて聞いてくる生徒がいてビックリしましたが、そういう子でも、きちんと補習してやることで変わってくる。だんだん勉強が面白くなっていくんじゃないですかね。そういう生徒が増えてくると、教師としても、より効果的な授業ができるよう工夫したくなるんですよ」

生徒は熱い教師についていく

一方、平林先生は、まず生徒たちにカリキュラム変更の理由を説明するところから始めたそうです。

「『なんでここまでせなあかんの』というアンチの空気が、僕にはすごく気になっていたんです。だからちゃんと話をするべきやと。『学校はこういう目標を立てて頑張ろうと思っているから、学年全体では授業をこう進めていく。だから、君たちにも一緒についてきてほしい。先生たちを信じてほしい。責任は全部持つ』。そんなふうに順序立てて話をしました。

成績を上げなくちゃいけないなら、上げましょう。ただ、この子たちが本当にやる気にならない限り、単なる押しつけで終わってしまう。それだけはイヤです、と。そういうこだわりが、僕のなかではありました」

当時の卒業生に話を聞くと、「平林先生の授業はとにかく熱かった」という声があちこちから上がります。そのひとりの証言。

「たぶん、僕らを授業に集中させるためだと思いますが、平林先生は最初にいつも勉強以外の話をするんです。人生だったり、愛だったり、ちょっとここでは言えないことだったり。そこから、もう熱い。今なら『松岡修造を地で行く』という表現がピッタリかもしれません。

そのうち、僕ら生徒のなかでも『あの先生、必死やし』とか『これだけ一所懸命やってくれるんやから』という感じで、気持ちに応えたいなという子も出てきたりして。ああいう時期って、特に嗅覚が発達しているのかな、理由は分からないけど、生徒は熱い先生についていきますね。正しい、正しくないは別として」

「懸命に頑張っていたら、そのうち応援してくれる人が出てくる」と、私は平林先生を励ましていましたが、彼の頑張りにいち早く反応してくれたのが、ほかならぬ生徒たちでした。

そこまで熱くなれた理由を、平林先生はこんなふうに自己分析しています。

「正直に言えば、職員室は敵ばかりでした。居場所なんてあったものじゃない。ときには反対派の教員とぶつかって、カッカしたまま教室に行ったりもしましたし。僕には教室が居場所でしたし、子どもたちが救いだったんです」

教師はお山の大将

環境の変化に対しては、大人より子どものほうがずっと柔軟です。大人は、経験からくる保身もあって、現状維持から、なかなか抜け出せません。

生徒たちが少しずつ意識を変えていく一方、教員たちの意識改革は遅々として進みませんでした。遅くまで補習や教材研究に取り組む福井先生や平林先生を、ある程度は評価してくれるのですが、進学路線に向けて本腰を入れる先生は、ごくわずか。

「進学校？　なにを血迷ったことを言うてんねん。なれるわけないやろ」

「こんな学校がいくらあがいたって、奈良高校や畝傍《うねび》、郡山《こおりやま》みたいな進学実績のある公立高校の足元にも及ばないだろう」

そんな冷めた目が大半でした。

ごく普通の学校が、進学校へ転換する際に一番のポイントとなるのは、教材研究でも、生徒指導のレベルアップでもありません。教員たちの意識をどのように変えていくか。これに尽きます。

教育というのは本当に特殊な分野です。

一般企業なら、多くの場合、トップのひと声で下の者がそのまま動き、目的達成というゴールに向かいます。ところが、教育の分野だけは違うのです。

そもそも、教師のなかには子どもたちを相手に、自分を〝お山の大将〟のように感じている人がたくさんいます。

学内のトップである校長がいくら指示を出しても、実際に教室のなかで授業をするのは先生なので、ある程度から先はその先生に任せるしかない。授業のテキストを選ぶことはできても、どういう教育や指導をするかは先生しだいです。

一番大切な末端の部分で、まったくコントロールが効かない。それが学校なのです。これでは意識改革が難航するのもうなずけます。

学校という現場に足を踏み入れてみて、私は教育分野のもつこうした特殊性を初めて知りました。一般企業に勤めた経験のある私から見ると、実に、実に不思議な世界です。

「このままではあかん。先生の常識は社会の非常識というのでは、生徒たちにも悪影響を与えるし、何より先生たち自身も閉じられた学校社会でしか生きられなくなる」

ちょうど、年が明けて新しい教員を募集する時期が近づいていました。学校の組織そのものを変えていくには、またとないチャンスです。進学路線への改革は現場の先生たちに任せ、私は根っこからの組織改革、意識改革について、考えを巡らせ始めました。

ところで君、お酒は飲めますか？

教員2期生の採用試験には、前年の数倍もの受験者が集まりました。

残念ながら、多くは安定志向で公立高校の教員を目指していたようですが、競争率が高ければ、それだけ優秀な教員が残るはず。なかには西大和が第一志望という受験者もいて、うれしい限りでした。

採用試験にはペーパーテストと面接があり、私は特に面接試験を重視しました。志望動機など一般的な質問は一応するのですが、ポイントに置いたのはその先の「雑談」です。ときには、こんな質問もしてみました。


「ところで君、お酒は飲めるの？」


これは、私以下、当時の教員たちが酒好きだったこともありますが、私にとって飲みの席は議論の場であり、コミュニケーションの場であり、肩書きに関係なく本音をさらけ出せる、大切な時間でもあるのです。

もちろん、お酒が飲めない人は駄目、というわけではありませんし、現在の面接試験ではまた違った方法、聞き方をしていることは言うまでもありません。方法はどうあれ、重要なのはコミュニケーション能力があるか、ないかです。

「教員に必要な資質とは？」

これは、先生方ともよく議論を交わしていたテーマでした。生徒の学力を高めるためには、やはり成績優秀な者を積極的に採用すべきではないか。そんな意見も出てきます。でも、私はいつも言っていました。

「自分の教科を教えるだけではあかんと思う。ひとつの教科を10年も教えたら、誰だってスペシャリストにもなれるし、東大の問題だって教えられるよ。でも、人間力というのは、必死に勉強して身につくもんやない。人間的に魅力のある教員でなければ、生徒を引っ張れないよ」


当時の教員採用試験といえば、学力をメインに置いたもので、授業をつつがなく教えられたらそれでよし。進学校は特にその傾向にありました。教育の専門家ではなく、教科を教える専門家を求めていたのです。

そんななかで、西大和学園の採用試験はかなり風変わりだったようです。

「酒を飲めるかだって？　なるほど、西大和学園は進学校にしていくらしいと聞いていたけど、あれは単なる噂だったんやな。きっと生徒と仲良くやっていける者が通るんやろうな」

採用された教員の多くは、そんなふうに思っていたそうです。

12人の新卒教師とともに

採用試験の結果、12人の教員が西大和学園に加わることとなりました。全員が新卒者です。今でこそ、若い教員を一気に雇い入れて学内の組織改革を断行するという手法があちこちの学校で見られますが、1987年当時はたいへん珍しい試みでした。

これから進学校に変えていこうとするなら、授業力の高い教員をヘッドハンティングするのが手っ取り早いのかもしれません。でも、私は、若い12人のエネルギーと人間力に賭けてみようと思ったのです。

勤務が始まる直前の3月、新人研修の場で、私は彼らにこう宣言しました。

「みなさん、この学園を10年以内に東大寺学園をしのぐ学園にしよう」

12人全員、ただただポカンとするばかりでした。

奈良の東大寺学園といえば、灘に次ぐ関西屈指の私立進学校。東大・京大合格者ランキングのトップ10常連校でもあります。生徒たち同様、先生たちにとっても「手の届かない世界」という認識です。

「大丈夫かな。えらいところに来たな」

「どうやって抜くんかな。田野瀬理事長は政治家だけに、あまり教育現場のことはご存知ないかもしれんな」

ヒソヒソ話をしていたのが、今村浩章先生と、上村佳永先生。

二人は採用試験の際にすでに意気投合していたそうで、試験後、喫茶店で情報交換をしながら「この人は落ちるやろうな」とお互いが思っていたとか。

新人研修で二人だけ浅黒く日焼けをしていたので、後から聞いてみると、今村先生が申し訳なさそうに
「実は前日までスキーに行ってました」

その横で、同じく申し訳なさそうに上村先生が
「僕のほうは前日まで卒業旅行でハワイに……」

共に理系科目担当で、西大和学園の志望動機も揃って「家が近かったから」。この二人は切磋琢磨しながら良いライバル関係になるなと直感で思いました。

バイタリティと遊び心にあふれているというのが共通の長所。加えて、今村先生はみんなが遠慮して言えないようなこともストレートに言えて、それが厭味にならない。上村先生のほうは、柔らか頭の持ち主で、普通なら考えつかないような発想や企画ができる。まだまだ未知数ではありましたが、彼らの人間力には大きな魅力を感じました。

入学前に三者面談を実施

組織改革の第一歩として、私は高校1年の学年部長を平林先生に、2年の学年部長を福井先生にお任せすることにしました。そして、新卒教員のうち7名を担任に抜擢しました。1、2年合わせて全14クラスですから、半数を新卒の担任が占めることになります。

不安があることは分かっていましたが、まずは生徒たちと日々接する担任たちの意思統一を図りたかったのです。そのためにも、学校の〝常識〟にとらわれていない新卒の先生たちを抜擢する必要があったのです。

担任が決まると、新入生と保護者を呼んで、さっそく三者面談を行うことにしました。それも本来なら4月、入学式を終えてから行うところ、入学式前の3月の春休みに実施することにしたのです。これも学校の〝常識〟外の奇策です。

1年の担任となった今村、上村両先生は
「俺ら、こないだまで大学生やったよな」

「いきなり面談て……。無茶しよるなあ」

と青い顔。困りきって、学年部長のもとへ駆け込んだのですが、

「平林先生、僕ら、親御さんとなんの話をしたらええんですか？」

「まあ、気楽に話しせいや」

新入生や保護者以上に、担任が緊張しながらの三者面談でした。


私が三者面談を前倒しした理由は二つあります。

ひとつは「安心感」です。早い時期に顔合わせすることによって、親御さんは「こんな先生が子どもをみてくれるのか」と、ある程度、人となりを確認できる。だから、いざ入

学式を迎えても緊張することなく、安心して子どもを預けられる。生徒のほうも、すんなり学校に溶け込めるのです。

もうひとつは「責任感」です。

私は教員たちに、しつこいくらい担任の重要性を語っていました。

「多感な中学生、高校生が伸びる、伸びないも、担任にかかっている。君たちは一義的には勉学のことを教えるけど、それだけではない。生徒の家庭環境や精神状況、すべて分かった上で、勉学も家庭のことも全部面倒みるんや。そうせんと、人間関係なんかでけへんねん。逆に、人間関係がしっかりできたクラスが、どれだけ力を発揮するか」

最近ごくごく一般的になったスクールカウンセラーも、(もちろん、専門的なケアの必要な生徒の場合は別ですが)私はもろ手をあげて賛成はできません。たとえば、「先生、相談があります」と生徒がやってきたときに、「自分の担当じゃないから、カウンセラーに相談しておいで」と言ったら、生徒はどう思うでしょう。そこに絆が生まれるでしょうか。

大学を出たての新人でも、生徒や親御さんにとっては「担任の先生」です。担任としての責任を自覚してもらうためにも、早い段階で三者面談を経験してもらいたかったのです。

現在は西大和学園でも生徒が心の悩みを気軽に相談できるよう専門の臨床心理士の方に来ていただいています。ただ、すべて専門家任せにせず、担任が子どもの心の揺れをしっかり把握するよう努めるという姿勢は変わりません。

週末に夢を語り合う

新たな教員と生徒が加わり、2年目を迎えた西大和学園でしたが、改革派と否定派のにらみ合いや、放課後の生徒の奪い合いは続いていましたが、若い教員たちを中心に進学路線に対する賛同の輪は徐々に広がっていきました。

この時期、私は若い教員たちを誘って、実によく飲みにいきました。得意の飲みニケーションです。当時は私も43歳と若かったこともありますが、若い人たちの発想は柔軟で、議論をしていても楽しいのです。

王寺駅前の居酒屋で、私が頼むのは辛口日本酒の超熱燗と決まっています。盃《さかずき》を交わしながら、教育とは？ 進学とは？ 理想の学校とは？ 学園の将来についてひたすら問答を繰り広げました。「24時間戦えますか」とか「5時から男」といった栄養ドリンクのCMが流れるのはこの翌年以降ですが、居酒屋は仕事を終えたサラリーマンたちでいつも満員盛況。そんな疲れ知らずのサラリーマンたちに負けじと、私たちも熱く語り合いました。

議論のなかで、私が何を心がけたかといえば、先生方と夢を語り合うことでした。

「20年後、君たちが『西大和学園の先生をしています』と人に言ったときに、『いい学校の先生をしていますね』と言われるのと、『そんな学校あったっけ』と言われるのと、どっちがいい？ せやから、20年後の西大和学園を想像して、そこに向かって頑張ろう」

「まず、今の西大和学園を日本一の進学校にする。来年には中学もつくる。そして、将来的には4年制大学をつくろうと思っている。それも、あらゆる学問領域を研究する総合大学を必ずつくる。君らに今から約束しておくから」

夢が具体的であればあるほど、先生たちは一人ひとりみんなやる気になります。そして、そのやる気を情熱に変えて、生徒にぶつけるようになります。また、私と同じように、生徒にも夢を語るようになります。彼らに夢を伝えることは、私にとってもいい意味でのプレッシャーになります。私を信頼して、私の夢を応援してくれる若い人がこれだけいるのだから、「やっぱりやめた」とか「無理だった」と尻尾を巻いて逃げだすわけにはいかない。有言実行、口に出した夢を実現していく以外ないのです。

考えてみたら、私は若いころから、無謀な夢を思いつき、「できるわけないやろ」とたしなめられ、それでもしつこく追い続け、なんとか夢を実現させる、その繰り返しで生きてきたような気がします。

ネット時代前夜。大切なことは顔を突き合わせて伝える、飲みながら何度も夢を語り合ったことが先生たちをやる気にさせ、西大和学園発展の一端を担ったと思っています。

第2章

西大和学園の原点

1年間の海外放浪の旅に出発

私は政治家と学校経営者という二つの顔を長らく持っていました。

「ご親族に政治家の方がいらっしゃるのですか」

「親御さんのどちらかが教員か、学校関係者だったのですか」

と、よく聞かれます。

でも、そのどちらでもありません。私の母親は、今で言うシングルマザー。私を含め、4人の子どもを女手ひとつで育ててくれ、私は政治や教育の現場とは縁もゆかりもない環境に育ちました。

私が政治家になろうと決めたのは「旅の途中」です。そして、学校づくりのきっかけは「困窮のなか」での、ある決断でした。

奈良県の南西部にあり、金剛山や吉野連峰、吉野川などの自然あふれる五條市に生まれ育った私が最初になりたかったものは、船員かパイロットでした。少年時代に初めて抱いた夢です。

とにかく、自分の目で〝外国〟というものを見てみたいという思いが強く、地元の県立高校から名古屋工業大学へ進学するころには、海外旅行そのものが抑えきれない夢に変わっていました。

1960年代から1970年にかけての日本といえば、まさに激動の真っただなかのころです。

1964年には東京オリンピックが開催され、同じ年にいよいよ海外渡航も自由化されました。誰でも自由に外国へ行けるようになったのです。

小田実《まこと》さんが書いた世界一周旅行体験記『何でも見てやろう』がベストセラーとなったり、世界中の若者の間にヒッピームーブメントが広がっていたりしたこともあって、この時代に日本でも怒濤のごとく若者が海外へ飛び出していきました。

私の母は、4人の子どもを食べさせていくだけで精一杯でしたので、子どもたちを大学へ行かせたり、まして海外旅行へ行かせたりする余裕はとてもありませんでした。その代わり、自由だけはたっぷり与えてくれたので、私は自分で稼いだお金で大学へ行き、3回生になると「自分も世界中を見てやろう」と決めて、また必死にアルバイトをしました。

そして、なんとか30万円貯めるとすぐさま大学に休学届を出し、他の若者たちと同じく放浪の旅へ飛び出したのです。30万円のうち20万円は往復の運賃で飛びますから、元手は10万円です。

「足りなければ現地で稼げばいい、交通費にお金はかけられないから、旅の移動はヒッチハイクにしよう」

かなり大雑把で無謀な算段でしたが、24歳の私には不安より夢の〝外国〟へついに乗り込むという期待感のほうが、はるかに大きかったのです。

社会主義国家の現実を知る

私がどうしても見てみたかった国は、ソビエト連邦（ソ連）でした。

当時の日本は、世界も目を見張る高い経済成長率を誇るいっぽう、産業や経済優先で突き進んだ結果、貧富の差や深刻な公害が社会問題となっていました。

アメリカに倣った資本主義社会・自由主義社会に疑問を抱く若者たちによる学生運動の嵐が吹き荒れ、国会議事堂は毎日、学生のデモで埋め尽くされていました。

当時は、ほとんどの学生が左傾化していたのではないでしょうか。私も、社会主義国家のソ連に強烈な憧れを抱くうちのひとりでした。

ところが、ワクワクしながらその土を踏んだソ連の首都・モスクワは、見ると聞くとでは大違いの場所でした。

日がな一日、街なかで日向ぼっこをしている男たちに「なぜ働かないのか」と聞くと、「うちの国は働いても、働かなくても給料が一緒だから」と言う。レストランに入っても、ウエイトレスは担当のテーブルしか片づけない。「たくさん働いても、給料が上がるわけじゃないから」という理由で。

とにかく、みんな無気力なのです。

日本では頑張れば出世できる、でも、それによって格差が生まれるのはよくないと、多くの若者は思い込んでいたけれど、人間は感情の動物で、やはり「平等」の生き方には向いていない。頑張ったなりに報われなければ、人間は意欲や生きる気力を失ってしまうのだと痛感しました。

たった数日間のモスクワ滞在で、私は「この国はもたないだろう」と思ってしまいました。ソ連邦が崩壊するのはそれから24年後の1991年のことですが、政治の素人だった当時24歳の私にさえ、その社会システムの限界は見えていたのです。

世界中の人々が日本に注目していた

モスクワを出て以降、移動手段のほとんどは、野宿をしながらのヒッチハイクでした。スウェーデンのホテルとカフェテリアで、昼夜休みなく2カ月間アルバイトをし、50万円貯めると、北欧からイギリス、ドイツ、フランスなど、欧州諸国をほぼすべてまわり、ギリシャから中近東へ。そこから東南アジアまでは、バスを乗り継ぎました。

旅のあいだ、私は日本と比較しながらさまざまな国をまわりました。というより、行く先々で「日本はどんな国か」「どんな国民か」と聞かれるから、比べざるを得なかったのです。

1979年に出版され、後に全世界でベストセラーとなる『ジャパン・アズ・ナンバーワン』は、アメリカに代わり日本が世界のリーダーになるという内容でしたが、1967年当時の日本もそれくらい激しく成長していました。

成り上がり者という見方もあれば、礼儀正しく勤勉だという話も流れてくる。行く先々では、当時世界を席巻していたビートルズのヒット曲と並び、坂本九さんの『上を向いて歩こう』が流れている。世界中の人々が日本に興味津々で、毎日が質問攻めでした。

日本のことを知らないと話題が続かないので、私はちょくちょく日本にいる彼女（現在の妻）に「あの本を送ってくれ、この本を送ってくれ」と頼み、各国の日本大使館に届いた本をピックアップしては、学んだ日本の知識を人々に伝えていきました。

出発したときは「世界を見てやろう」と思っていましたが、フタを開けてみたら、ヒッチハイクをしながら日本のことばかり考え、本を読みながら日本のことをまた考える。そんな毎日となりました。

インドからビルマ（現在のミャンマー）、そしてタイにたどり着いた時点で、出発からほぼ1年が過ぎようとしていました。まわった国は33カ国を数えました。タイのバンコクに1カ月ほど滞在しながら、私はこの1年間の旅の総括をすることにしました。

タイで政治家を志す

強烈な経験はいくつもありました。

ドイツのアウトバーンでは、乗せてもらったクルマの男二人にピストルを突きつけられたり、イランの首都テヘランでは栄養失調で倒れ、道行く人に蹴飛ばされながら道端で寝込んだり。

でも、鮮烈な記憶として残っているのは、やはり憧れていたソ連の現実であり、日々考えた日本という国のことでした。

旅のあいだ、日本に関するニュースソースは各国の日本大使館に置かれている新聞だけでしたが、読み継ぐごとに学生運動は激しさを増す一方でした。

「いよいよ日本は内戦状態に入ったのか？　もう帰れないかもしれない」

ロンドンの大使館で紙面を見ながら、そんな心配をしたこともあります。

「たしかに、日本には良いところも悪いところもある。だからといって、社会主義・共産主義社会を理想とする考えは間違っている。やれば報われる今の自由主義社会を守っていかなければならないのだ」

その考えをみんなに伝え、日本をもっとよい国にしていけるような仕事ってなんだろう。

思いついた答えは、ひとつしかありませんでした。

「政治家になろう。そして、日本の世直しをするような仕事をしよう」

市会議員になる

私が本格的に政治家への道を決意したのは、放浪の旅から4年後のことです。

すぐにアクションを起こさなかったのは、どうしたら政治家になれるのか、見当もつかなかったからです。

スペインのピレネー山脈で車を待つ筆者

スウェーデンのストックホルムのホテルのアルバイト仲間と（左端が筆者）

今の時代なら、政治家になるためのハウツー本がいくらでも出ているし、YouTubeなどのSNSでもレクチャーしてくれるかもしれません。でも、当時は違います。政界になんのツテもない私は、テレビで国会中継を見ながら、「いったい、みんなはどうやってあそこへ行ったのかな」と不思議でしかたありませんでした。

復学から1年間の学生生活を終えて、名古屋にある化学薬品会社の研究所に就職。やがて結婚し、長男も生まれました。

給料は抜群に良いし、仕事にやりがいも感じている。それでも、政治の仕事をしたいという思いは、いつも心のどこかに沸々とありました。

「20代で描いた夢、抱いた大志は、20代のうちにかなえたい。長引くほど挑戦することに臆病になり、そのうち夢も、大志もしぼんでしまう」

そんな危機感もあったと思います。29歳になる年、一念発起した私は妻とふたりの幼子と共に郷里の五條市に戻り、五條市議会議員に立候補しました。

右も左も分からない選挙活動で、私ができるのはこれしかありませんでした。

「ひとりでも多くの人に『田野瀬』の名前を書いてもらうには、地元の一人ひとりと会って、必死に話を聞き、議論を重ね、自分を信頼してもらうしかない。海外放浪の旅でたくさんの人と対話を通じて交流を深めたように」

議員浪人としての8年間

30歳になりたての1973年11月、私は市会議員に初当選しました。定員数の立候補だったため無競争での当選でしたが、やっと夢の実現に向けて、最初の一歩を踏み出せたのです。

ただ、目指す国会議員、さらに国政を中枢で預かる要職までたどり着くには相当の時間がかかることを、私は政治の世界に足を踏み入れたあとに知ることになります。

「大臣や総理大臣になる人の多くは当選10回前後の30年選手。40代、50代で国会議員になるのでは遅すぎる」

それが〝永田町の常識〟だというのです。市会議員、県会議員と順番にキャリアを積んで、初めて国会議員になれると思い込んでいた私には、それこそ寝耳に水でした。

選挙に出るということは、現役の議員を押しのけていくということです。若手議員にたやすく席を譲ってくれるほど、甘い世界ではありません。

結局、私は県議選も衆院選も最初の選挙で落選。二度目で当選できたものの、それぞれ4年ずつ、計8年の浪人生活を送ることになりました。

50歳手前での衆院選初当選ということで、「8年間はもったいなかった」と言って下さる方もいます。でも、私のなかで後悔はありません。

この浪人時代がなければ、「学校をつくる」という新たな夢を思いつくこともなかったのですから。

保育園をつくる

浪人時代、特に県議選を落選してからの4年間は、本当につらい時期でした。潮が引いたように人心が去っていくのもそうですが、なによりつらかったのが経済的に立ち行かなくなってしまったことです。

貯金をする余裕などなかったため、家計は行き詰まり生活費もほどなく底をつき、妻はミシンでスカートを縫う内職、私は選挙活動のために時間の自由の利く建設現場でのアルバイトや、地元・五條の名産である割り箸の行商などで、なんとか食いつなぐ日々が続きました。

所帯費で50万円ほど借金し、迫る返済期日に恐恐とした、あのときの気持ちはいまだに忘れられません。

「いつまでも日雇い労働をしていたら見通しが立たない。でも、自分はどうしても次の県議選に出て、当選しなければならない」

妻とも相談し、あれこれ考えを巡らせた末に思いついたのが、「保育園をつくること」でした。

なぜ、保育園だったのか。理由は単純で、妻が大学を出て幼稚園の先生をしていたから。早い話が妻に手に職があったので、その収入で食いつないでいこうというわけです。

それに、私は子ども3人それぞれ2年ずつの計6年間、通わせていた保育園で保護者会の会長を務めていました。公立の保育園は「3歳以上しか預からない」とか「午後3時までしか預けられない」など制約が多かったので、私はいつも「自分ならもっといい保育園をつくるのに」と思っていました。

いよいよ明日の暮らしが成り立たないとなったときに、ふと、そのときのことを思い出したのです。

開園当時、私は36歳、妻は34歳。若い夫婦が運営する保育園に、果たしてお母さんたちは子どもを預けてくれるだろうか。心配は心配でしたが、これに賭けるほか、私たち夫婦に策はありません。

社会福祉事業団という国の融資機関から約５０００万円を借り入れ、親切な農家の方がわずかな借地料で提供してくれた田んぼに建物を建て、１９８１年に「社会福祉法人愛誠会　なかよし保育園」をオープンさせました。

四年制大学の設立まで続いていく、30年にわたる私の学校づくりの〝最初の一歩〟は保育園から、そして、まさに無一文からのスタートだったのです。

学校をつくりたいという夢が広がる

保護者として感じた保育園の不便さをヒントに、「0歳児からOK、午後6時まで預かります」という方針を打ち出したところ、徐々に子どもたちも集まりだし、我が家の経済状態もやっと一息つけるまでに。そして、開園から2年後の1983年、39歳で臨んだ県議選で、私は無事初当選を果たすことができました。

議会の仕事の合い間を縫って、理事長として運動会や入園式、卒園式などの行事のため、ちょくちょく保育園に訪れるようになりましたが、この訪問が私には楽しみでしかたがありませんでした。

朝から晩まで子どもたちの歓声がこだまし、ワイワイガヤガヤ、元気よく走りまわる、その勇躍元気な子どもたちの姿。園内は一日中、音楽で満たされています。

保育の集大成として行われる発表会、演奏会では、明るく、楽しく、のびやかに成長を促し、一人ひとりの個性の輝きさえをも楽しむことができるというのは驚きでした。それは園児の成長を願い、日々園長を中心に職員、保育士が一丸となって熱く保育に取り組むチームワーク、情熱の賜物でしかないと感じ入ったものです。

苦しい生活から抜け出すために始めた保育園ですが、私がその存在意義に気づくのに時間はかかりませんでした。

「無限の可能性を秘めた子どもたちの教育とは、なんて素晴らしい仕事なのだろう」

その一方、県会議員としての活動のかなりの時間を、私は教育の議論に費やしていました。

当時の奈良県は、大阪府の衛星都市、ベッドタウンとしての性格が強く、山間部を除いて県内から大阪に多くの人が通勤していました。

また、この時期は全国的に高校生が急増し、奈良県でも毎年高校を3、4つ、ある年には5つつくり、それでも足りずに大阪の私学へ5000人ほども通っていました。

「県立高校をどこへつくるか」「校名をどうするか」「大阪の進学校へ県内の生徒が通うのは、奈良県にとって重大な人材の流出ではないか」

文教関係の会議では、いつも高校建設についての議論が沸騰していました。

保育園を通じて知った、教育という仕事の神聖さと高潔さ。そして、奈良県での逼迫《ひっぱく》した高校不足。二つの点が、私のなかでしだいに一本の線でつながっていきました。

資金ゼロからの学園づくり

なかよし保育園開園から3年後の1984年夏、私は頭のなかで練りあげた構想を吐き出すために、ひとりの青年の家を訪ねました。

その青年とは、初期の西大和学園で事務全般を預かることになる松本伸司さんです。奥さんが私の従妹ということで、彼とは親戚関係にありましたが、私よりひと回り以上若いというのに頭も柔らかく人当たりもいい。同じ五條市出身で、出身大学も同じという共通点もあって、ずっと親近感を抱いていました。

突然の、しかも夜中の訪問に驚いた様子の松本さんに対し、あいさつもそこそこに、私は切り出しました。

「実は、奈良県内に学校をつくろうと思ってる。君にもぜひ手伝ってほしいんや」

「へえ、学校。いいですよ。なんでも言ってください」

意を決して一大プロジェクトの構想を語っているというのに、拍子抜けするほどの快諾です。

「本当にいいのか？　君、今は特許事務所に勤めていて忙しいんやろ？」

「はあ。でも、仕事が休みのときにはお手伝いできると思います。近所で塾か何かをやるんでしょう？」

どうやら、すっかり勘違いされていたようです。私は改めて説明しました。

自分は今、政治家として働いているが、政治と教育は切り離すことができないものであり、日本の将来を思うと、次世代を担う青少年の育成が大切であること、そのために、県内に優秀な私立の高校をつくりたいと思っていること――。

「でも、実は土地の確保や資金の調達はこれからで、できるかできないかは今のところ五分五分なんや」

「なるほど。まだ構想の段階というわけですね」

「それでも、実現したいという思いは強いんや。松本くん、君の返事しだいで、俺の腹も決まる」

3カ月後、ついに「高等学校設置準備事務室」が設置されました。

といっても、設置場所は五條にある私の自宅、メンバーは私と、特許事務所を退職してきたばかりの松本さんの二人だけです。なかよし保育園と同じく、高校づくりも最少メンバーにして経験者ゼロ、資金ゼロからの出発でした。

プロも断言「この学校はきっと人気になる」

初期の段階で一番難航したのは、建設用地の確保でした。

膨大な敷地を要するうえに、バブル景気を控え、地主も不動産業者も強気の時代。探しに探し、断られ続けたなかで、ついに私のイメージにピッタリの土地に出会いました。

最寄り駅はＪＲ大和路線の王寺駅。

ここは2社4路線が乗り入れる、県内でもっとも乗降客数の多いターミナル駅で、大阪、京都、和歌山各府県からのアクセスも良好です。

また、四方を美しい山並みに囲まれた丘陵地である一方、近くには西大和ニュータウンなどもでき、全国屈指の人口急増地帯となっていました。ニュータウンがあるということは、若い夫婦の子育て世帯が多く、教育に関心がある人もそれだけ多いということです。

松本さんと連れ立って、複数の地主さんと粘り強く交渉を続けた結果、またとない好条件が揃った土地を確保することができました。

しかし、この時点でも自己資金はゼロ。

銀行の融資を受けなければ、せっかく土地が見つかったのに、学校はつくれません。

私と松本さんは融資をお願いしに銀行をまわり、なんとかある都市銀行の担当者に現地を視察してもらう約束を取りつけました。

視察当日。祈るような気持ちで担当者の反応をうかがっていると……。

「田野瀬さん。なんぼでも貸します。ここはいい。この学校はきっと人気になる」


この銀行マンによれば、成功する私学の立地条件は三つ。

「交通の便がよいこと」

「小高い丘の上にあること」

「近くにニュータウンがあること」

だそうです。

開校当時の王寺駅付近からの学園遠望

造成中の土地

つまり、私がどうしても手に入れたかったこの土地は、プロの目から見てもパーフェクトだったわけです。おかげで、自己資金ゼロにも関わらず、政府系金融機関を含む3行からの協調融資で資金調達もクリア。開校予定まで残り1年足らずという段階で、クヌギにおおわれた雑木林の造成工事が、いよいよ始まりました。

このころになると、県立高校の設置事務経験のある先生や、女性の手も必要とのことで駆り出された姉の松本喜久子など、徐々にメンバーも増えてきました。そこで、拠点となる設立準備事務局をつくることになったのですが、一時期だけの施設に余計な出費はできません。

結局、造成中の校地の片隅に、自前で2階建てのプレハブ建築1棟をつくり、そこを拠点とすることにしました。建設現場でよく見る、あの青いプレハブ小屋です。

収まりきらない受験生の長い列

数カ月後、この「我らが城」に加わったのが、嶋田健男先生です。

県立高校で体育教師をしていた嶋田先生とは、同じ五條出身という縁で出会いました。筋の通った好漢で、運動部顧問としての指導力もじゅうぶん。嶋田先生のほうも、私の学校づくりの夢に何か感じるところがあったようで、「骨をうずめさせてもらいます」という言葉とともに、設立メンバーに加わってくれました。

近隣の中学を中心に、生徒募集の営業に駆け回った嶋田先生が、吹きすさぶ木枯らしに身を縮めながらプレハブ小屋に戻ると、一升瓶を手に松本さんが待っている。ストーブの上でほどよく焼けて反りかえったスルメをつまみに、互いの仕事の成果や、完成間近の校舎について語り合う。それが、ふたりにとっては激務のささやかなご褒美だったそうです。あまりに毎晩、酒宴が続くので、姉の喜久子に酒瓶を隠されたこともあったようですが。

姉の喜久子には当初、お茶くみや事務所の整頓などの雑用をお願いしていましたが、制服のデザインを担当するなど、クリエイティブな手腕も発揮してくれました。

このように、適材適所の〝手づくりパワー〟で、西大和学園は徐々に形になっていったのです。


晩秋から年末にかけて行った学校説明会は、ホテルなど既存の施設ではなく、事務局の隣にもう一棟建てたプレハブ小屋を会場としました。

その意図は、何も節約だけではありません。生徒や保護者に足を運んでもらい、立地条件の良さや、真新しい校舎が今まさに完成しつつあるところを見ていただきたかったのです。


年が明けて１９８６年2月1日。第1回入学試験の日がやってきました。受験者はなんと２３２７名。とても校舎だけでは収容しきれず、好意で貸していただいた県立畝傍高校も会場となりました。

西大和学園のほうでは、学校前の長い坂に延々と受験生の列ができ、悲鳴を上げるような忙しさでした。

西大和学園高等学校、竣工写真。1986年4月

廊下のところどころに工事用のカーペットが敷かれ、乾き切らないペンキの匂いが漂うなかでの入学試験。そして春4月、晴れて218名が学校の門をくぐりました。

戸惑い、怒り、途方に暮れながらも、日本一の進学校を目指す学園のたしかな礎となってくれた、大切な西大和1期生たちです。

第3章

関西トップ進学校への道

学校の混乱は続く

2年目を迎えた西大和学園の敷地内では、毎日のようにブルドーザーやトラック、工事を請け負う人々が慌ただしく行き交っていました。

生徒たちが待ちに待った食堂や部室、来年開校が決まった中学校など、新しい施設や校舎の建設ラッシュに沸いていたのです。中学校開校で生徒数が増えることを見越して、グラウンドの拡張工事も始まりました。

建設の槌音が響くなか、教室では授業、また授業の日々。通常の7限授業に加え、英・数・国の主要3教科を強化させる目的で、通称「ゼロアワー」と呼ばれる始業前、早朝7時半からの補習も行っていましたから、草創期の生徒たちの頑張りには今さらながら頭が下がります。

この年の9月には第1回文化祭も行われました。文化祭実行委員会によって考案された

文化祭のテーマは

「We are growing up‐しかし、悩まずにはいられない」

勉強、部活、進学、恋愛、友達、人生、もしくはそのすべて……。彼らは何に悩んでいたのでしょう。生徒たちの心情がかいまみえるフレーズです。また、皮肉にも、このフレーズは当時の教員たちの心境さえも見事に言い当てていました。

この時期、進学路線への完全移行をめぐって、教員たちの溝はさらに深まり硬直化していました。特に、体育教師たちはかたくなでした。主要教科担当の先生たちが

「通常の授業だけでは時間が足りません。補習をしなければ、授業についていけない子たちがどんどん落ちこぼれてしまいます」

と説明しても、自分たちの主張を譲ろうとはしません。

「なにも勉強をするなと言っているわけじゃない。授業中にしっかりやらせてください。ただし、こっちも部活は部活でしっかりやらせてもらいます」

体育系クラブの躍進

西大和学園の体育系クラブは、開校2年目にして早くも結果を出し始めていました。特にサッカー部の活躍は目覚ましく、開校初年度の新人戦から、奈良県でベスト4の好成績を残しました。主力を2年生で固める他校に対して、こちらはオール1年生のチーム。しかも、ベスト8を賭けた一戦では、全国選手権出場校を下したのですから、この結果は快挙と言っても過言ではありません。

このサッカー部を率いていたのが嶋田健男先生。青いプレハブ小屋を拠点に、受験生募集の営業に駆け回ってくれた学校創設メンバーのひとりです。

嶋田先生は、奈良県の県立高校で非常勤講師をしながら、サッカー部を指導していました。学生時代には「一生サッカーに携わるなら教員しかない」と、保健体育の教員免許が取れる大学に入り直したというほどのサッカー大好き人間。その熱意と指導力は相当なもので、指導2年目にしてその県立高校は全国選手権に出場、3年目には全国ベスト8まで勝ち進んでいます。

彼の夢は、ずばり「日本一のチームをつくること」でした。

「全国制覇に向けて、すでに技術指導のノウハウはつかんでいる。あとは、身体能力だけでなく自己コントロールもきちんとできる生徒たちに、その指導をほどこすだけ」

そう思っていたところへ、私から「スポーツも勉強もハイレベルな高校をつくりたい」と声をかけられたので、躊躇なく学校づくりから参画してくれました。

実は、1期生のサッカー部員の多くは、中学時代に奈良県選抜メンバーとして活躍していました。みんな、嶋田先生が西大和学園へ転勤すると聞きつけ、「嶋田先生のもとで日本一を目指したい」と受験に臨み、入学してきたのです。奈良県のサッカーエリートばかりですから、1年生チームといえども強いわけです。

体育教師のなかには、私と嶋田先生でスカウトに行った先生もいました。柔道、剣道、バレーボール……。それぞれの学校の部活で指導力を発揮していた先生ばかりで、サッカー部と同じようにその先生たちを慕って、夢をもって入学してきた生徒もたくさんいました。

先生も生徒も、打ち込んできたスポーツで夢をかなえるために、この学校を選んでやってきた。だから、体育教師たちは易々と進学路線への変更を受け入れるわけにはいかなかったのです。

体育教師たちの抵抗

職員会議では、部活動の処遇について話し合われる時間が増えていきました。

「放課後は補習と部活、どちらを優先するか」

「成績の悪い生徒は部活を休ませたらどうか」

「部活動は週3日、いや2日でいいのではないか」

職員会議の進行役は、創設メンバーの松本さん。彼には事務局長との兼任で「企画調整課長」を引き受けてもらっていました。役割はずばり、進学推進派と改革否定派の関係をうまく調整してくれということです。

しかし、人づきあいのバランス感覚に優れた松本さんをもってしても、これは難しい作業でした。部活動の短縮が議題に上がると、年長の嶋田先生を筆頭に体育教師たちは全員欠席。これでは議論にもなりません。

開校前、すき間風の入るプレハブであれだけ苦楽を共にしてきた松本さんと嶋田先生も、いつしかほとんど話をしなくなっていきました。

体育教師たちが職員室にあまり顔を出さなくなったのは、このころからです。出勤するなり、授業を終えるなり、彼らが向かうのは体育教官室でした。

体育館の2階にある体育教官室は、ガラス越しに体育館が見下ろせ、窓からはグラウンドも一望できます。

「運動する生徒たちを見守っているだけです」

「ここのほうが授業や部活にすぐ行けるので」

と言われたら、他の教員たちは何も言えません。

「彼らは教材も日用品も持ち込んで、立てこもりのような状態になっています。これでは職員室の空気も悪くなる一方です」

他の教員たちから相談が持ち込まれるようになり、私は嶋田先生を呼んで「教官室に行ったままということは、今後許可しない」と告げました。

この一件以来、西大和学園ではどの教科でも教官室というのをなくしました。大きな場所に集まって、みんなに聞こえるところで話をしようという姿勢の表れです。

明け方まで続いた体育教師との話し合い

「とにかく、このままではいけない！」

彼らと率直に話をすべきときが来たと思いました。

派閥で固まっていたら、お互いが否定的な感情を膨らませる一方です。足を引っ張りあっているだけでは何も生まれません。

私は、体育教師のなかでリーダー的存在である嶋田先生に電話をして、「今晩、体育教師全員、部活のあとにいつもの店に集まってほしい」とお願いし、最後に付け加えました。

「今日、私と話し合いをすることは、校長や教頭にも、他の先生方にも絶対に言わないでほしい」

これは体育教官室の一件にも言えることですが、見えないところで集まっていると、まわりの者は「何か画策しているのではないか」「自分を誹謗中傷しているのではないか」と不安や疑念をついつい抱いてしまいます。それに、校長、教頭には申し訳なかったのですが、第三者が入ると彼らは遠慮して本音を吐き出せない。それでは、顔を合わせる意味がないと思ったのです。

進学路線の話がもつれて以来、彼らと打ち解けた場所で顔を合わせるのは久しぶりでした。私も覚悟を決めてきましたが、彼らも、私が全員を呼んだことで、何かを悟っていたようで、腹を決めた、どこかさっぱりした顔をしていました。

私は改めて、中途半端な文武両道の学校にしたら、長くは持たないこと、学校の将来を考えるなら進学路線をまず進めていきたいこと、そして、進学校にするのはガリ勉をつくることだと思っているかもしれないが、決してそうではないということを、彼らに伝えました。

「自分は日本をより良い国にしていきたい。そのためには世界で活躍できる人づくりが一番だと思っている。だからこそ、大きな志を持てるような子どもたちを育てていきたいんや。どうか、分かってほしい」

その日は、彼らと朝4時まで飲み明かしました。黙って飲み続けていた者もいれば、はしゃぎ続けていた者もいます。でも恨み事をいう者はいませんでした。そんな彼らを見ながら「君らが誇れる学校に必ずしていく。君らが輝ける場所を必ずつくる」

と、心に誓いました。

この日の会合はあくまで極秘のはずでしたが、残念なことに翌日には全教員に知れわたってしまいました。近くのホテルに部屋を取り、全員へべれけ状態で寝入ること数時間。「マズい！」というひとりの大声で飛び起き、時計を見たら朝の9時。体育教師全員が大遅刻してしまったのです。

1時限目の体育の授業は、非常勤の先生がピンチヒッターでやってくれて、なんとか事なきを得ましたが、職員室内は「あいつらが酒に酔ってのっぴきならない事件を起こした」と大騒ぎになっていました。

突然の部活動規制令

数週間後、いつものように練習を終えたあと、嶋田先生はサッカー部員全員をグラウンドの隅に集めました。期末テスト前の最後の練習は、いつも以上に激しかったのか、3月の冷えた空気のなかでも部員たちの顔は汗ばんだままです。

チームづくりは計画通り、順調に進んでいました。

東京の帝京高校や長崎の国見高校といった全国選手権の常連校を招いての練習試合でも大きな手応えを感じていました。この2年間で技術的な部分はほぼ教え込んでおり、来月からは大学のサッカー部や日本リーグの下位チームと実戦を積ませながら、スピードや当たりの強さを体感する段階に進むはずでした。そうすれば、インターハイ初出場で全国ベスト8もじゅうぶん狙えるチームだと。

もうひと息だったのに――。込み上げる気持ちを飲み込んで、嶋田先生は部員たちに切り出しました。

「大事な話だから、よく聞いてくれ。今後、部活は週3回になるからな。それから、部活に出られるのは2年生の3月までになったからな」

誰も声を上げない。いや、声が出ない。部員たちの顔は固まっている。ようやく、2年生の部長が声を押し出しました。


「来月になったら……3年生になったら、僕らは部活ができないゆうことですか？」

「そうや。3年生は部活なしや」

「じゃあ先生、俺たち7月のインターハイとか出れないんですか？」

「4月からは勉強に専念して……大学を目指して……お前ら頑張れ」

竹刀を片手に廊下を歩けば、生徒の誰もが恐れをなしてよけていく。そんなこわもての嶋田先生が、今、目の前で声をふるわせ顔をくしゃくしゃにしている——。

嶋田先生の泣き顔を見ないように、部員たちはずっと下を向いていました。

かくして体育教師の意識も進学校路線へと傾斜していったのです。

スポーツオタク、勉強オタクになるな

部活を取り巻く環境が変わってからも、限られた時間のなかで、サッカー部はベストを尽くしてくれました。サッカーを通して、奈良県内に「西大和学園」の名を浸透させてくれました。

この年、全日本選手権に出場したのは奈良県立上牧《かんまき》高校でした。現在は統合して西和清陵高校と名前が変わっています。西大和学園より2年早く創立した上牧高校（現西和清陵高校）のサッカー部には、中学時代の奈良県選抜メンバーもたくさんいました。西大和学園合格を逃して上牧高校へ行った生徒も数名、西大和学園の部員とは元チームメイトの間柄でした。

国立競技場で躍動する上牧勢をＴＶ中継で見ながら、西大和学園の部員たちは、きっと複雑な思いを抱いたことでしょう。

あいつら全国か。すげえな。でも、ちょっと悔しいな——。練習試合ではいつもいい勝負をしていたのにな——。

俺も西大和に落ちて、上牧に行っていたら――。

3年間、部活ができていたら――。

それでも、試合に負けて「他の学校のヤツらは毎日練習をやっているし」「うちはどうせ進学校だから」とこぼしたり、開き直っている部員がいたりすると、嶋田先生は必ず一喝しました。

「それを言い訳にしたら一生負け犬になる。それは逆やぞ。条件が揃って勝っても、それは当たり前。条件が揃わない、環境が整わないなかでちょっと頑張ってみろ。1、2年やで。そこで頑張ったらすごいぞ。どっちが評価が高い？　俺らはそこを追求しよう」

成績の悪い部員には
「赤点が三つ以上あったら、次の試験まで休部にする」

と厳しい条件を出すこともありました。

嶋田先生が部員たちに勉強を頑張らせたのは、西大和学園の方針にただ従っていたわけではありません。前任の県立高校時代から、「成績はきちっとしておけ。こつこつ毎日頑張るのは勉強もサッカーも一緒だ」と部員たちに繰り返し言っていたそうです。

「文武両道というのは半々じゃなくてもいい。9割サッカーでもいい。一番駄目なのはサッカーオタク、勉強オタクになってしまうことだ。自己管理ができないまま社会に出ると、ひとつの失敗ですぐ挫折してしまう。失敗を乗り越えて成長できるよう、教師が素地をつくらないといけない」

それが、嶋田先生の持論です。

嶋田先生は進学校を目指す西大和学園にとって、なくてはならない先生でした。

進学校で進学指導と同じく、いや、それ以上に大切なのは生徒指導です。生徒指導がきちんとできていなければ、生徒は心身共にすさんでいき、学校は学びの場ではなくなります。

嶋田先生は限られた時間のなかでサッカー部を指導する一方、生活指導部長としても相変わらず熱心に生徒たちをみてくれていました。

だから、私は全く気づかなかったのです。

「サッカー部員の子たちは、自分以上に夢を持ってここへやって来た。その夢を、ほかでもない自分が諦めさせてしまった。もう、ここにいるわけにはいかない。学校をやめよう」

教え子たちに部活規制を告げたときから、嶋田先生が心ひそかにそう思い続けていたことを。

関大20人合格が最初の目標

教員たちのベクトルが、ようやく同じ方向に向かい始めたことで、進学路線への変更にも本腰を入れて取り組めるようになってきました。となると教員や子どもたちが一丸となって目指せる、具体的な目標が必要となってきます。

最初から、東大・京大に何人というのはハードルが高すぎる。どこの大学に何人進学を目指すべきか――。模索していたある日、職員会議でひとりの先生が新聞を広げて見せて、こんな提案をしました。

「この新聞に載っているランキング入りを目指すのはどうでしょう」

当時は毎年3月になると、大阪新聞が「大学合格者高校別ランキング」を掲載していました。関関同立、すなわち関西、関西学院、同志社、立命館の有名4私大について、合格者数が多い順に100位まで、高校名がズラリと並ぶ。調べてみると、掲載が一番早いのが関西大学（関大）でした。

このランキングにいきなり、しかも、いの一番に「西大和学園」の名前が出るのは、世間的にもかなり大きなインパクトを与えるはずです。

過去数年のランキングから判断しても、関大100位以内に入るために必要な合格者数は最低20人。現時点での生徒たちの学力を考えると、「ひじょうに高いハードルだが、可能性がまったくゼロというわけではない」というギリギリの線です。

「思いきって目指してみよう。関西大学へ20人以上合格させよう」

これで明確な数値目標が決まりました。

恐れずどんなことでもやってみる

全国模試で偏差値40台をうろちょろしている生徒もたくさんいただけに、前途は多難。教員たちも授業のレベルアップに関してはまだまだ手探り状態です。そこで、私は教員たちに指示を出し、全国にある中高一貫の私立進学校へどんどん視察にいってもらうことにしました。私が高校をつくったときと同様、先達の意見や生の授業に触れることが何よりのヒントになると思ったからです。

主要メンバーは高1の学年部長である平林先生を筆頭に、教員2期生の今村先生、上村先生、そして、事務局長の松本さん。全員が20代という若くて改革スピリットにあふれる視察団です。

まず、週刊誌『サンデー毎日』の東大・京大上位ランキングを軒並みチェックして、めぼしい学校をピックアップする。そして、定期試験のときに試験監督の割り当てから外してもらい、彼らは交代でさまざまな進学校を訪ねていきました。

視察というと、数時間の見学というイメージですが、彼らの場合は違います。

「吸収できるものは、とことん吸収してこい」

と、私も煽り立てるように言っていたので、長いときで1週間もひとつの高校に密着したこともありました。そして、恒例となった私との飲み会で、興奮しながら語り合うのです。

「あの授業はすごかったよなあ！」

「うんうん、子どもを育てるちゅうのは、ああいうことなんだよなあ」

その報告のなかには、改革へのヒントやアイデアがたくさんあったので、私は忘れないようにテーブルの上にある箸袋に急いでメモして、胸ポケットに放り込んでおきます。そして、いい企画はすぐに、どんどん取り入れていきました。

当初のカリキュラムや行事の多くは他の私立中高を参考にしたわけですが、いいものを迷わず取り入れたからこそ、西大和学園は短期間で成長できたのだと思います。

トップ進学校はチャイムの音が違う

以下は、主要メンバー4人が鹿児島のラ・サール中学校・高等学校を視察したときの訪問記です。若い彼らの興奮と、珍道中ぶりが伝わるのではないでしょうか。報告してくれたのは松本さんです。

〈いつも他校を訪ねるときは、まずアポを入れた前日に行って、校門で生徒をじっくり観察するんです。ラ・サールでも、もちろんやってみました。

ちょうど、校門の前にお好み焼屋があったので

「ここにおったら生徒が来て、あれやこれやと学校のことをしゃべるやろう」

と張り込みをしてみましたが、お好み焼きを焼いて待てど暮らせど、結局生徒は誰も入ってこない。張り込み失敗でした。

気を取り直しての訪問初日。先生方にじっくり聞きたいところですが、正攻法でいってもなかなか秘密を語ってはくれません。そこで、初日の昼間は適当に聞いておいて、夜のお誘いをするんです。これがいつもの戦法です。

「僕ら鹿児島に初めて来たんですけど、どこかおいしいところはありませんか？　よかったらご一緒にどうですか」

「そうですか。じゃあ、せっかく遠くから来てくれたんだから行きましょうか」

先生方と飲みにいき、翌日からも毎晩飲みにいく。そして聞きにくいことをどんどん聞くという具合です。


一番知りたかったのは英語の授業でした。うちではごく一般的な教科書を使っていましたが、名門私学は教材が全然違うらしい。でも、どこに聞いても教えてもらえない。ところが、こちらの熱意が通じたか、毎晩の酒宴が功を奏したのか、ラ・サールの先生は「これを使ってるよ、どこもそうだよ」と教えてくれました。

こうなったら、ダメもとでなんでもお願いしてみよう。

「授業も見せてもらっていいですか?」

ぶしつけなリクエストをすると、「いいよ」とあっさり。こうして、初めて名門進学校の授業風景を見学させてもらうことができたわけです。


これもまた、驚きの連続でした。

一番ビックリしたのは、オン・オフの見事な切り替えです。生徒たちは休み時間に廊下でワーッと暴れたりしている。これだけなら、うちとまったく変わらないですよね? ところが、授業が始まったら全然雰囲気が違うんです。いきなり集中力が高まる。一方の先生も、始業チャイムが鳴ったらいきなりワーッと授業を始めます。起立も何もない。

「はい、○くん、これは?」

「○○です」

予習は当たり前で、教科書を全部読むことはない。

「はい、○行目のここはこう。○くん、これはどう?」

そのやり取りが続き、終わったら先生はサーッと帰る。すると、生徒たちはまたワーッと騒ぐ。横で見ていた今村先生が思わず叫びました。

「なんやこれ、まるでマジックを見てるみたいやんか！」

授業を終えた先生に、さっそくマジックの種明かしを聞いてみました。

「簡単です。まず、必ず授業開始の1分前に教室に入り、窓を全部開ける。次にチャイムの20秒前に窓を閉める。窓を閉めだしたら生徒が教室に入ってくる。それがクラスの呼吸になっているんですよ」


これは、ぜひ取り入れたい。

「うちの先生全員にやらせよう」

「校長先生が、10分前になったら職員室で先生らに『さあ、出て行け！』と叫ぶのはどうや」

冗談を交えながら、西大和スタイルにカスタマイズする方法を話し合いました。そのなかから出てきたのが「チャイムが鳴る1分前にサイレンを鳴らす」というアイデアです。

「しかしサイレンやったら火事と間違えへんか？」

「ほんならブザーにしよう。1分前にビックリするようなブザーが鳴ったら、生徒は反射的に教室へ入るし、先生らも職員室を飛び出して教室へ向かう」

「あとはチャイム。うちのは『キーン　コーン　カーン　コーン』とえらいノンビリしてて、あれでは子どもらも気持ちがダレてしまうよな」

「その通りや。ボクシングのゴングと一緒でカーンだけでええ。『ブー！』の1分後に『カーン！』、これで行こう」

少し音は変えたものの、このアイデアはさっそく採用となりました。とにかく一番大事なのは、きちっと時間通りに授業が始まり、きちっと終わることなんです。そのためにも、教員は体で時間を覚えなければならない。これまでの西大和学園では、チャイムが鳴ってから教師は職員室を出ていました。これだと教室に着くのに約2分のロスです。2分のロスが1週間で74分。1年間では約60時間、中高6年間では実に350時間以上の授業時間を無駄にしていたのです。そのことを、ラ・サールの授業は教えてくれました。

自習室の失敗

若い教員たちが仕入れてきて、採用したアイデアのなかには、もちろん失敗も数えきれないほどありました。

印象的な失敗は、1クラスを30人にした少人数学級制、習熟度別クラスなどです。進学校においてはクラスにより多くの競争相手がいた方が切磋琢磨し、成績の底上げになるのです。習熟度別クラス分けも低いクラスの生徒たちに劣等感が広がり、モチベーションを上げることができないと分かり、即とりやめました。


関西圏だけではなく、全国からも優秀な生徒が集まってくるようにするためには、やはり寮が必要です。そこで、寮を置く全国の私立進学校を視察してきてもらいました。その報告のなかで、注目したのが「自習室」です。

ほとんどの子どもたちは自分の部屋ではなく自習室で勉強し、先生たちはちょっと高いところに机と椅子を置いて監督していたそうです。

「これはいい、まだ寮はないけど学校に取り入れよう」

さっそく図書室を半分潰し、一人ひとりが集中して勉強できるようにパーテーションで仕切った、個人ブース式の自習室を完成させました。

でも、このアイデアはちょっと時期尚早でした。プライバシーが十分保たれているブースのなかで、肝心の生徒たちはスヤスヤ寝ていたり、漫画を読みふけっていたり。

「なるほど。放っておいても勉強するラ・サールの子たちならこれもありやけど、うちの子らには格好のサボりスポットになってしまうんやなあ」

総工費数百万円の自習室は、1週間もしないうちにあえなく取り外しとなりました。

取り外したパーテーションは長らく無用の長物となっていましたが、5年後、見事に復活を果たしました。文化祭で生徒たちがつくった迷路の壁という使い道ではありましたが。


私は前向きな失敗ならどんどんしていいと思っています。

完璧な人間などいませんから、失敗はつきものです。なんとか修復しようと試み、あらゆる手を打った末の失敗なら、反省して次に挽回すればいい。必ず次の成功につながります。

一番いけないのは、失敗しそうだと思ったときに何も考えず、手を打たず、責任放棄してしまうことです。私は怒りっぽい人間ではないのですが、唯一、教員たちがこんな無責任な失敗をしたときだけは、それはもう烈火のごとく怒ります。仲間や生徒たちの信頼を失うような行為は、本人の成長にもつながらないからです。

こうしたことを念押しした上で、彼らにはどんどん新たなことにトライしてもらいました。

クーラーのない教室と生徒の逆襲

1期生から3期生あたりの卒業生に高校時代の思い出を聞くと、誰に聞いても出てくるのが次のふたつ。

「クーラーがなくて暑かった」
「夏休みがなかった」

不動の2トップです。

新カリキュラムに沿って、定期休暇を大幅短縮した結果、この時代は夏休みが10日間、冬休みは1週間、春休みは3日間程度となりました。でも、休み中には面談や補習も入ってきましたから、実際はもっと短かったと思います。生徒たちにとっては「年中無休」の印象が強かったのではないでしょうか。

教室には暖房と送風機はついていましたが、開校3年目あたりまではクーラーなし。夏休みは、それこそ暑さとの闘いでした。

ひとクラス50人以上というクラスもあり、教室はすし詰めの蒸し風呂状態です。男子クラスに限ってですが、先生の「ズボン脱いでええわ」というひと声で、生徒全員パンツ一丁で授業を受けた日もありました。

合い間に体育の授業などを入れて、リフレッシュできるように配慮しましたが、教科担当の先生は室温40度を超える教室をまわりながら、一日2、3時間連続で授業を行うこともザラでした。

「だんだんフラフラしてきて、熱中症寸前になることも。あまりに身の危険を感じたときは急きょ小テストを実施して、テストの間だけ廊下に避難するんです。『先生だけズルい！』と生徒に文句を言われないよう、さりげなく教室を出るのがポイントです（笑）」

そんなサバイバル法を教えてくれたのは、数学担当の上村先生です。

慣れない勉強漬けで、生徒もストレスが溜まっていきます。廊下にサンドバッグを吊るして、発散させてください」

「うちの子が家でイライラして困っています。廊下にサンドバッグを吊るして、発散させてください」

親御さんから、こんな提案をいただいたこともありました。

でも、やんちゃ盛りの生徒たちですから、おとなしく先生たちの言うことを聞いていたわけではありません。

クラブ活動は週3回、高校2年生までという決まりがありましたが、なかにはどうしても部活に出たい生徒たちもいます。彼らはどうしたか？　授業後の小テスト中、先生が席を外している間にこっそり教室を抜け出し、ちゃっかり部活へ合流。そしてころ合いを見計らって教室に戻り、何食わぬ顔でテストを提出するのです。

ほかにも、正式にはクラブに在籍せず、言わば〝もぐり〟部員として先生の目を盗みながら部活を続けていた生徒もいれば、文化祭実行委員会や体育祭実行委員会の委員になって、部活ができないモヤモヤを発散させていた生徒もいます。先生たちが子どもの学力アップに知恵を絞る一方、生徒たちは生徒たちで持てる知恵や工夫を総動員して勉強漬けの日々を乗り越えていたわけです。

泊まり合宿で絆を深める

生徒と教員たちの絆をさらに深めたのが「勉強合宿」です。

夏休みに5泊6日で高野山へ出かけ、静かな環境で勉強に集中する「夏期勉強合宿」は、学年全員参加の行事でしたが、それ以外に、担任が自分のクラスの生徒たちを学校にひと晩泊まらせる、突発的な校内合宿もありました。

「自分のクラスは他と比べて今ひとつ団結力に欠けるな」とか「生徒の学力にずいぶんバラつきがあるな」と思った担任は一計を案じ、すぐさま事務室へ駆け込みます。

高野山での夏期勉強合宿

「すみません！　今日、子どもたちを作法室に泊めて一緒に勉強したいんやけど、学校のほうで布団借りてもらってええですか？」

対応するのは当時の金庫番である松本さん。教員たちの突然のリクエストには、もう慣れっこになっています。

「ほお、合宿ですか。布団は何枚ほどいりますかね」

「クラス全員と僕の分だけで。調べたらレンタルで一式3000円くらいのところもあるようなんで、ひとつよろしくお願いします」

松本さんはほうぼうの布団屋さんに連絡を入れ、大量の布団を確保。担任のほうは通常の授業を終えると、生徒たちを引き連れ銭湯へ。学校に戻り食堂で夕飯を食べたあとは、クラスの平均点が低い教科に的を絞って勉強です。やっていることはいつもと変わらないのですが、「ガランとした夜の校舎には今、自分たちしかいない」という特別な環境に、生徒たちもちょっとした高揚感を覚えつつ新鮮な気持ちで机に向かうことができます。

「よーし、みんなで布団敷くで！」

夜更けて勉強を終えると、先生のかけ声で畳敷きの作法室に布団を敷きつめ、そこからは雑談タイム。担任にふだんは聞けないようなことを聞いたり、勉強の愚痴を思いきり吐き出したり、それまでまともに話をしなかった生徒同士が、なぜかいきなり意気投合したり……。

このクラス合宿から発展して、「平日合宿」を実施した先生もいました。

金曜日の7限が終わり、帰り支度を始めている生徒たちを呼び止めます。

「お前、家に帰ってもどうせ勉強せえへんやろ？　とりあえずいったん家に帰って、飯食ってくるでも風呂入ってくるでもええから、7時までに戻ってこいよ」

そうやって成績が停滞気味の生徒たちを集め、苦手科目の自習をさせるわけです。

この平日合宿に選ばれてしまった生徒には、かなりハードなスケジュールが待っています。学校にひと晩泊まって食堂で朝食を食べたら、そのまま土曜の授業。土曜日は3時限までですが、午後からは毎週小テストがあります。それも、テストで合格点を取った者から帰宅できる〝勝ち抜け方式〟ですから、点数が低い生徒ほど居残ることになる。「いったい俺、何時間学校におんねん」とぼやきながら、テストに悪戦苦闘する生徒もいました。

このように、とにかく「思い立ったら、すぐやろう」という教員たちばかりですから、トップの了解を得る間もなく、どんどん進めていってしまいます。管理職の先生方には「先日、こんなことをやりました」とつねに事後報告。当時の校長、教頭は、それは大変だったと思います。

でも、合宿を通じて担任と子どもたちはだんだん一体になってくる。それを横目で見ている隣のクラスでも「いいなあ。うちもやろう」ということになる。そんな対抗意識が、確実に団結力や学力の向上の連鎖を生んでいきました。

隣の担任がライバル

1年間の放浪の旅でソ連邦の無気力な人々を見て「人間に平等主義は向かない。適度な競争原理が働いてこそ、やる気が生まれる」ということに気づいたこともあって、クラス同士、担任同士が積極的に競いあうのは、私も大歓迎でした。

担任は自分のクラスに対して、自分の受け持ち教科だけでなく「すべての教科の成績を上げる」ことに全責任を持たされていました。

「1組の成績を上げるのは、1組の担任」

ということです。たとえば、数学担当の今村先生でも、英語や国語の成績を上げる努力をしなければいけません。教科以外の知識は薄いので、今村先生は英語なら英語担当の教員をつかまえて

「うちのクラス、どうやったら英語の成績上がりますかね？　やっぱり単語力ですかね？」

抜け駆けして情報収集したら、付け焼き刃の知識ながら英語の小テストをつくって生徒にやらせるのです。同じく数学担当の上村先生は、今村クラスの英語の成績が順調に上がっていくのを見て、当然焦ります。

「あなたのクラスは英語の時間、うるさくてしかたがないですよ」

そんな情報を小耳に挟むと、授業の空き時間に自分のクラスを見回りにいく。そんなふうに毎日張り合いながら、切磋琢磨していきました。

近年の西大和学園では「教科主任」を置いて、教科の検証や指導力アップ、スキルアップの教材を開発する動きも積極的に出てきていることから、担任の先生方も、以前よりは自身の教科を意識する機会が増えました。それでも、「クラスをまとめる。一丸となって進学へ向かわせる」という〝担任力〟の重要性だけは、開校当時から変わりません。

私も、政治活動の合い間には極力、定期考査の成績会議や模擬試験の分析会に出席していました。理事長の肩書を持つ者が、職員室で行われるこれらの会議に頻繁に顔を出すというのは、ちょっと珍しいかもしれません。でも、担任の先生方や生徒たちが必死なのですから、私だって必死に応えなければなりません。

会議では、担任が各学年1組から順番に着席し、各学年、各クラスの平均点や度数分布が印刷された資料をもとに、分析や改善策をどんどん提案していきます。

どんなに頑張った、努力したといっても、数字に反映されていないのなら、そこには何がしかの問題があるはずです。伸び悩みや、低下傾向にあるクラス担任には

「なぜこの結果になった？　先生は担任としてどんな手を打ったのか？」

私から、徹底的に原因と対処について追求します。

会議の際に気をつけていたのは、「成績が悪い、とにかく上げろ」という言い方だけは決してしないということでした。これは失敗した教員たちへの対応と同じです。生徒たちの学力を上げるためにあらゆる努力をして、それでも結果につながらなかったのであれば、必ず改善策が見つかります。その代わり、ある教科のクラス平均が悪いことを知りながら

何ら方策を講じなかったことに対しては、ときに声を荒げることもありました。

成績が悪いから怒るのではなく、責任を放棄して何もしないから怒るのです。

ひとつでも成績の悪いクラスがあると、それは学年全体としての成績を下げることにもなります。そう、教員たちは隣の担任とライバルであるだけでなく、他の学年ともライバル関係にあるのです。だから、みんな必死。自分の学年に怠けている先生がいたら、それこそ詰問攻めにして尻を叩くのです。

学年責任制度の採用

学年ごとに責任を持たせる「学年責任制度」は、進学校の多くが取り入れているシステムです。西大和学園でも灘校のシステムにヒントを得て、開校当時から導入していました。

学年をまとめる学年部長の職は、入口の中学1年生から出口の高校3年生まで、特別な事情がない限り同じ人間が務め、他の学年と競い合いながら実績を出していきます。ひとつの学年のなかでも、若い担任たちが日々張り合っているのですから、学年部長はまさに野武士軍団を束ねる総大将のような存在です。

また、西大和学園では担任の人事権も学年部長に与えられています。学年部長は、他の学年より少しでも優秀な先生を自分の学年に入れたい。そこで、3月になると「自分の学年に来てくれ」「いやいや、ぜひうちの学年に」と、学年部長たちがひとりの先生を取り合いすることもあります。それを調整するのが、校長、教頭の役目です。

大学受験はよく闘いにたとえられますが、私もその通りだと思います。ただし、「個人戦」ではなく「団体戦」です。

クラス全体、学年全体が「よし、やるぞ!」という雰囲気になったら、自然と全体が上がってきます。チームスポーツでも「絶対優勝するぞ」と全員の気持ちがひとつになったら、勝ち進むごとに実力以上の不思議な力を発揮することがあります。同じことが大学受験にも言えるのです。

中高一貫なら6年間、しっかりとマネージメントを行い、学年全体のムードを大学受験直前に最高潮に持っていかせ、最高の緊張感で入学試験になだれ込ませる。学力アップという意味でも、雰囲気づくりという意味でも、学年部長は重要なキーパーソンなのです。

先生は営業マンでもある

開校3年目に西大和学園中学校がスタートして以降、高校3年の学年部長は卒業生を送り出した翌年に「入試広報部長」となります。新中学生の生徒募集を行うのがメインの仕事です。

6年間しっかりと生徒たちの面倒をみて無事送り出したら、また中学1年の生徒を迎え入れて6年間、共に過ごす。だから、大事な生徒は自分の足で、汗をかいて集めてきてくださいということです。

保護者や生徒本人と直接話をして、西大和学園の魅力をしっかりと伝えることも大事ですが、自ら足を運ぶと親御さんや子どもたちが西大和学園に対してどんな印象を持っているか、どこがよくて、どこが不安なのかを、ダイレクトに聞くことができる。よりよい学校づくりのために、また6年間子どもを育てていくためにこれほど貴重な情報はありません。

生徒募集と、進学・生活指導の担当を同じ人間がやるというのは、一般企業にたとえるなら「営業担当と開発者が一緒」ということです。

「これは本当によい製品なんです。え、この部分を変えたい？　それは開発担当者に聞いてみないと分かりませんが、できるだけお応えしたいと思います」

というセールスと

「これは本当によい製品なんです。私が責任もってつくりますから、ご要望があればなんでも言ってください。一緒によいものを完成させましょう」

というセールスと、どちらが魅力を感じるか。答えを出すまでもないでしょう。

私は西大和学園を、教員たちがどんどん社会に出ていく学校にしたいと思い、初期の段階から実行させていました。

保護者会にも駆けつければ、塾の先生や企業のトップにも会いにいく。そうすれば、今の社会が学校に何を求めているかが分かります。もし、世間とズレていたらどんどん変えていけます。その活動を繰り返すことによって、教員たちは社会を知り人間として成長できる。そして、学校も新鮮であり続けます。

保護者の願いを全部かなえた学校

実は西大和学園の開校した1986年は、私の長男が高校へ進学した年でもあります。私も高校生の親。だから、保護者の声はどれもうなずけるものばかりで、可能な限りその要望に応えてきました。「保護者の声をかなえる学校」というランキングがあったら、開校から現在まで、西大和学園は全国トップの座をキープし続けていたに違いありません。「塾や予備校で勉強するぶんまで学校がカバーする」という、他の進学校では珍しいやり方も、もともとは保護者の要望から始まりました。

意見の多くは「うちの子は家に帰ったら勉強できないから、自習できるスペースをもっとつくってほしい」など、教育面に関するものですが、なかには「食堂で、夏場に冷麺を出してくれ」という意見も。もちろん、これもかなえました。

サービスのよい学校は、なんとなく泥臭いイメージがあるようです。むしろ「うちがお気に召さなければ、よそへどうぞ」という学校のほうが、人気があったりします。でも、私にはどうしても、それが職務怠慢、職務放棄のように感じられてなりません。

子どもを一番愛しているのは、なんといっても親です。その親が出す意見に理があるのは当然です。ならば、耳を傾け、かなえることが私たちの仕事ではないでしょうか。西大和学園が進学校として急激に伸びたのは、この仕事をやり続けてきたからだと私は自負しています。

それに、学校は親御さんから受験料や入学金、授業料などをいただくことで、経営が成り立っています。出資者の要望には誠心誠意応える。社会ではそれが常識です。

私は高校を手始めに中学、食堂、寮、武道場など学校の施設を充実させていきましたが、そのほとんどは借金です。当時、経理を任せていた松本さんには

「新しい生徒さんが入学してきたら返せると思いますけど、それにしても借金しすぎちゃ

います か？　大丈夫ですかね？」

と、よく心配されました。「お金が貯まってから施設をつくったほうがよいのではないか」というのです。私はそのたびに反論しました。

「たとえば図書室をつくるために数年間、お金を貯めたとするよ。完成した図書室を使うのは誰や？　新しく入ってきた子たちやろ？　じゃあ、図書室のお金を出してくれた子たちはどうなる？　完成するころには卒業してしまって使えないやんか。それはあまりに理不尽やろ？」

親御さんの大切なお金は、親御さんや子どもたちが満足するように生かしていく。それも、学校に限らず経営の基本だと思うのです。

なぜ学校には校長・教頭・先生しかいないのか

学校の組織改革、教員の意識改革に取り組んでいたなかで、私が一番力を入れたのが、「とにかく、たくさんの役職をつくること」でした。

学年部長、教務部長、進路指導部長、生活指導部長、入試広報部長、国際部長、各種室長、主任と、教員たちは次々と新たなポストを任されてそれに応じた手当が支給されます。これは全国の私学のなかでも未だ珍しいシステムではないでしょうか。

ポストをたくさん用意するという発想は、サラリーマン時代の経験がその源になっています。

若いころ勤めていた化学薬品会社は、利益率が高いだけに高給でした。でも、私はいつも、何か満たされないものを感じていました。もっともっと社会が求めることに応えて、組織を拡大し、社会の期待に応えたいと思ったからです。

もちろん赤字をたれ流して倒産してしまってはいけませんが、ひとつの組織が利潤だけを追求していくと、リスクを回避しようとするあまりポストも限定され、あまり組織が拡大せず、人間誰だってやる気を失っていきます。

思いきって学校の世界へ飛び込んでみて、私はさらに、学校は妙な組織であるということにも気づきました。

校長と教頭がいて、あとは全部「先生」。会社でいえば、社長と専務がいるだけで、あとは平社員。係長も部長もいません。

また、学校では進路指導部長や教務部長などの役職を選挙で決めることが多く、校長が選ぶことはあまりありません。それくらい平社員が強い権限を持っているので、校長はどんなに改革したくてもできない。元首相の小泉純一郎氏が言っていた「みんな抵抗勢力」は、学校にも当てはまります。

そもそも、公立の先生たちは校長に雇われているわけではありません。教育委員会で採用されて、指定された学校へ赴任しているだけです。これでは指示命令系統がなかなか確立されない。

そんな組織ではいけないと思い、私は初めから校長と共にきちんと採用面接をして、「うちの高校はこういう方針ですけどいいですか」と説明しました。そして、納得してもらった上で、西大和学園の教員になってもらいました。

「この人に採用されたんだから、ついていかなあかん」

という、ある種の主従関係をつくったわけです。その上で、どんどんポストをつくっていきました。


いろいろなポストをつくれば、それだけ、いろいろな経験ができます。視野の広い経験豊富なやる気集団の先生なら、生徒たちも信頼してついてくる。これが、学校における本来の理想的な組織図だと私は思うのです。

第4章

東大合格者急増のわけ

原石を発掘する

西大和学園1期生は約２００名。大阪新聞の「関大合格者数ランキング」１００位に食い込むためのラインは合格者20名。単純に言って、10人にひとりを関大へ送り込まなければならない計算になります。

西大和学園と同レベルの県立高校を調べてみると、毎年ひとりか二人受かれば上出来という状況でした。イメージで言えば、教員も生徒も今までの10倍頑張らなければ、とても関大には合格できないというところでしょうか。でも、関大全学部を合わせた募集人数は４０００名を超える。それだけの椅子は確実に席を空けて待っているのだと前向きにとらえ、教員一丸となって受験体制を整えていきました。

当時は受験指導のマニュアルもなく、先生も手探りの状態で教えていたので、どうしても詰め込み型、質より量の授業となります。その噂が広がって、「スパルタ教育の学校」とか「受験少年院」とか、あまりに夜遅くまで教室や職員室の明かりがついているので、「不夜城」というあまりありがたくないニックネームをつけられたこともありました。
そういう声が届くと、熱血漢の平林先生は決まって顔を真っ赤にさせます。
「西大和がスパルタで、ものの価値観をひとつしか教えない？　何言うとんねん。教壇に立つ僕らは信念を持ってやっている。若くて未熟やけど、人の道理や生き方の話もしてるんや！」

平林先生も、本音では「物事を突き詰めて探求する、考えるという時間を子どもたちに与えたい」と思っていました。でも、学年部長の自分が目標からブレてしまったら、担任教員たちも生徒たちもついてきてくれません。迷う素振りは見せず、生徒の学力を伸ばすことに集中しました。

何度もいうように、開校したばかりの我が校には飛び抜けて優秀な生徒が入ってきたわけではありません。入学早々の二者面談で志望校を聞いたら、きっぱり「西大和学園高校」と答えた生徒もなかにはいました。冗談で言ったのではなく、その生徒の頭に「大学進学」という選択肢はツユほどもなかったのです。

そんな状況のなかで教員たちがエネルギーを費やしたのが「原石の発掘」でした。生徒のなかには、その潜在能力に自分も周囲も気づかず、埋もれている子が必ずいます。勉強ができないのではなく「勉強しないだけ」というタイプ。原石をできるだけ多く発掘し、主要教科に特化してピカピカに磨いて鉱石にしていく。それが、関大合格者20名への一番の近道と踏んだのです。

先生の力で生徒が変わったエピソード

原石の発掘が誰よりうまかったのが、数学担当で進路指導部長の福井先生です。テストの成績から判断しようとする教員たちに、福井先生は「福井式原石発掘法」をこんなふうに伝授していました。

「単純にテストの成績がよくても、原石とは限らないですよ。磨けば光る子の特徴は、やっぱり頭の回転です。聞き取れないような早口で私が授業を進めても、なかにはすぐ理解してしまう子がいる。そういう子は原石の可能性が高いですね」

そんな福井先生が早くから目をつけていたのが、1期生のAくんです。中学時代のAくんは、年間3分の2くらいは学校を休んでしまう登校拒否、今で言う不登校生でした。不登校という定義に改められるのはこのときから10年ほどあとのことなので、ここでは登校拒否のままにしておきます。

この時期の全国の中学校における登校拒否児童数は3万人あまり。過去10年間で3倍となり問題となっていました。

Aくんは入学試験の結果も特によいわけではなく、知識にも乏しい。ところが、教え始めて1週間ほどで「この子は勉強してこなかっただけで、能力は高い」と福井先生は気づきました。ポイントは、やはり回転力です。

集中的に回転力を上げるトレーニングをほどこしてみたところ、案の定、メキメキと頭角を現し、入学時の定期テストでは100番~200番台だったのが、いきなりトップに躍り出たのです。

しかし2年の秋口になってAくんは突然、学校に来なくなってしまいました。登校拒否の悪い癖が、また出てしまったようです。普通なら慌てて親御さんに連絡を取るところですが、福井先生は平然とした顔で、こう言いました。

「親に連絡なんて一番いけませんよ。登校拒否の子の気持ちは私なりに分かっているつもりです。私も登校拒否になったことがありますからね」

自分自身が登校拒否だった福井先生

福井先生の登校拒否は、子ども時代ではなく教員になってからだそうです。

「新任1年目に、いきなり問題児ばかりのクラスを任されましてね。そのクラスでの授業が週4回あったけれども、その日はどうしても頭が痛くて朝起きられませんでした。だから登校拒否の生徒は決して仮病ではない。ほんとうに頭が痛くて起きれないんです」

子どもがその病に伏せっているときは、「とにかくまわりが騒がないこと」が一番。「なぜ来ないのか」としつこく聞いたり、親に相談して大ごとにするのは逆効果。連れてくる場合は前触れなく自宅へ行って、しゃべらず、粛々と、機械的に登校の準備をする。それが、実体験から導き出された福井先生の特効薬です。

Aくんの欠席が3日目になり、登校拒否と判断した福井先生は、すぐさまこの特効薬を処方しにいきました。Aくんの自宅をいきなり訪ねたのです。

ご両親は共働きで、玄関の鍵は閉まっている。それでも、家のなかにAくんがいることは気配から分かる。かといって、どんどんとドアを叩けば、Aくんを刺激してしまう。さて、どうしたか？

なんと福井先生は雨どいを伝って2階のベランダの窓を開け〝訪問〟に成功したのです。Aくんは部屋のなかでスヤスヤと眠っていました。

「Aくん、起きなさい」

軽く揺さぶられて目を覚ましたAくんの視界に入ってきたのは……。

「……あ！　福井先生！」

「学校へ行くから支度しましょう」

そして、Aくんに抵抗するヒマを与えず、学生服を着させると、そのまま学校へ連れていくことに見事成功したのです。

特効薬というだけに効き目は抜群で、翌日になると病はどこへやら「やっぱり学校は毎日来ないとあかんで」とクラスメートにとくとくと語っていたAくんは、なんとその日以来、卒業まで皆勤賞でした。

Aくんをはじめ、1期生の原石たちはユニークな子たちばかり。でも、打てば響くような頭の冴えがありました。最後の1年間、教員たちは彼らを徹底的に磨く作業をし、またその他の生徒たちも希望の大学に進学させるべく、望めば何時までも付き合いました。

問題を何題解かせれば、その大学の傾向を把握できるか。試験問題用紙を一瞥しただけで解く順番を見極めるには、どのくらい理解力をつけていけばよいか。こうした受験対策にも腐心しましたが、3年間を通じて教員全員が力を注いだのは「彼らをいかに本気にさせるか」でした。

有名私大や国公立なんて自分には関係ない世界。それどころか、大学へ行くことさえ考えられない。そんな生徒たちに、大学進学という進路があること、真剣に挑めばその扉は開くということを、リアルに実感してもらうのは本当に大変なことなのです。

でも、「そうか、自分もその道があったのか。よし、挑戦してみよう」とひとたび本気になれば、もともと可能性を秘めた子たちだけに、そこから一気に伸びていきます。

生徒も教員も全力で走り続けた3年間。

そして、1期生たちは大学受験という最後の戦いに挑みました。

東大合格者第1号誕生！

１９８８年2月。職員室の朝は、新聞を開くバサバサという音でにぎやかに始まりました。大阪新聞「関西大学合格ベスト１００」の掲載日。みんな自宅で見てきましたが、職員室で改めて確認しています。

「いやあ、惜しかったなあ」

「例年なら入ってたのになあ」

1位の清風（大阪）に始まり、ズラリと並ぶ進学校。１００位に食い込むラインはこの年、31名。対して、西大和学園１期生の関大合格者数は22名。合格者20名という当初の目標を達成するも、この年の１００位ボーダーラインには届きませんでした。

それでも、先生たちのほとんどは悔しがるより、むしろその結果に喜び、感慨深げです。

「それにしてもあいつら、ようやったわ」

「頑張った甲斐があったな」

「よし、あれやるか！」

のひと声で、手に手にビール瓶を持って教員用のシャワールームへ。そして「せーの」というかけ声とともに始まったのはビールかけでした。

泡まみれのまま始まった食堂での慰労会でも、教員たちの興奮はなかなか収まりません。

「今夜のビールはほんまにうまいわ」

「たしかに『お前ら1期生が頑張らなあかんねんで！』てハッパをかけ続けてきたけど、まさかここまで頑張ってくれるとはなあ」

「理事長が『東大寺をしのぐ』言うたときはビックリしたけど、でもうちの学校、もしかしたらもしかするぞ」

1期生の挑戦の結果は、予想以上のものでした。

関西大学、関西学院大学、同志社大学、立命館大学合わせて42名。

慶応大学、早稲田大学合わせて5名。

大阪大学、九州大学、神戸大学、筑波大学、広島大学、大阪市立大学などを含む国公立大学25名。

彼らの入学時の偏差値、進学への意欲を考えれば、まさに「奇跡」に等しい大健闘です。たとえば、大阪大学に合格した3人のうちのひとりは、最初の進路志望が「パン屋さん」。国公立はおろか、大学進学も考えていませんでした。

ちなみに、登校拒否をしていたAくんは残念ながら1年目は合格ならず。しかし1浪した翌年、無事大学合格を果たしました。進学先は東京大学理科一類。そう、Aくんこそ西大和学園の記念すべき東大合格者第1号なのです。

1期生たちの入試結果から、生徒を本気にさせ、きちんと学習時間を確保すればある程度の大学に入学できること、そして潜在能力の高い生徒は、より高い志望校にチャレンジさせても結果を出すことが可能だと分かりました。

国公立実績を上げる

教員たちは、2期生以降の進学目標として「同志社大学合格者アップ」を狙っていました。言うまでもなく同志社は関関同立のひとつで、全国でも屈指の名門であり難関大学です。

しかし、私は彼らに別の目標を提案しました。

「西大和学園が目指すのは灘を抜くこと。東大・京大の合格者を増やしていく努力をしていこう」

1期生の結果に手応えをつかんだ私は、10年以内に東大寺学園をしのぎ県内ナンバー1にという当初の目標に一歩近づいた今、いち早くその先を見据えるべきだと考えたのでした。彼らも努力した成果がはっきりと数字に表れたことで、さらにモチベーションが上がったのでしょう。

「関関同立で満足したらあかん。次は国立大学を通そう」

と私の意図に賛同してくれました。

東大・京大は現時点では多数を合格させるのは難しい。そこで、関西圏を中心に国立大学の入試状況をリサーチし、メインターゲットを大阪大学（阪大）と神戸大学（神大）に決めました。

決め手となったのは、センター試験の比率の高さです。センターの比率が高いほど、二次試験で失敗してもセンターの得点でカバーできる可能性が高くなる。特に阪大は二次がとても難しく、なかなか点数を伸ばせません。つまり、センターの結果で、ある程度合否が占えるということです。

それと並行して、関関同立の実績も着実に上げていくことも目指しました。当時は全国的に私立大学の人気が高かったので、名門私立の実績を上げれば、より能力の高い子どもが入学してきて、さらに上の大学を狙わせることもできます。

目標が決まると、阪大・神大合格へ向け、さっそくセンターの勉強を重点的に行いました。これまでは「目指せ関大」で3教科に絞っていたので、2期生や3期生たちにとっては「数学と英語しか、やれって言われていなかったのに⁉」と、さぞ驚いたのではないでしょうか。それでも校内の廊下に張り出された大阪新聞の切り抜きは、きっと彼らをおおいに刺激したはずです。

1990年度入試でも、2期生はたしかな結果を残してくれました。国公立大学の合格者は、前年の25名から一気に増えて85名。そのなかで重点大学としていた阪大には2名、神大には4名が合格。1浪したAくんの東大合格と同時に、京大合格者第1号も誕生しました。

3期生以降も大学合格実績はぐんぐん伸び、学校全体が熱気に包まれていきました。

【3期生】国公立大学へ107名。阪大4名、神大9名。この3期生のなかから、初の現役東大合格者が出ました。

【4期生】国公立大学157名。うち東大1名、京大4名、阪大9名、神大10名。同志社68名を含め関関同立249名、慶應大学5名、早稲田大学5名。

【5期生】国公立大学183名。うち京大5名、阪大22名、神大14名。同志社大学63名を含め関関同立282名。慶應大学4名、早稲田大学10名。

このように1期生の快挙という劇的なスタートダッシュが、ダイレクトに翌年以降の結果に反映された形となりました。

6期生（中学1期生）の快挙

5期生まで右肩上がりで進学実績を伸ばしてきた西大和学園が一気にステップアップしたのが、1994年度卒業生である6期生のときです。

前年の183名から国公立合格者は200名の大台に乗り、207名に。そのうち、東大6名、京大17名と最難関大学2校の合格者を飛躍的に伸ばしました。東大は4名、京大は15名が現役合格者です。

この結果により、周囲の西大和学園に対する評価の流れは一変しました。奈良県内のほか、大阪、京都などの名門私立を狙う子どもたちや親御さんが、選択肢のひとつとして「西大和学園」に着目してくれるようになったのも、このころからです。

6期生は、西大和学園中学校初年度の生徒でもあります。6年間、西大和学園の生活指導、進路指導を受けた、生え抜き第1号が彼らです。手探りで始めた中高一貫教育でしたが、彼らの出した結果は、教員たちにとっても「自分たちの方針は間違っていなかった」と、たしかな自信につながりました。

ここからは、少し中高一貫教育の中学校に照準をあててお話ししたいと思います。

中学1期生入学は1988年4月のことです。

男子のみ90名募集のところ、受験者数は532名。高校のときと同様、あえて定員数は満たさず、72名を新入生に迎え入れました。1期生の進学実績が呼び水となり、勉強の習慣づけができている、キラキラとした能力が垣間見える子たちが入ってきてくれました。

初期の高校生たちには、3年間という時間の制約があったり、根気強い復習の繰り返しが必要であったりしたため、詰め込み式の授業を余儀なくされましたが、中学1年生の彼らには6年間あります。中高一貫教育のメリットを最大限に生かせるよう、視察した灘中学校やラ・サール中学校などの教育内容で、いいものがあればどんどん取り入れながら、カリキュラムをつくっていきました。

受験失敗ショックも行事で払拭

中学1年の授業カリキュラムでは、全学科を通して「時間を割いて基礎学力を充実させる」ということに力点を置きました。この段階で基礎学力を定着させるか、させないかで、高校3年間の勉強の進度と深度が変わってきます。

また、中学時代には知的好奇心をくすぐるような行事を増やしていきました。学問に対して興味を湧かせることや、自分でも気づかなかった自身の個性、適性を発見してもらうことがおもな目的です。

でも、実はこうした目的は、成果が出たあとで分かったことです。中学校開校当初は、「まず、走ってみる。走りながら取捨選択して、子どもの実践を通して理論を考える」というのが私以下、当時の教員たちのやり方でした。こうした決断の速さやフットワークのよさは、令和の時代を迎えた今も西大和学園の教員たちに引き継がれています。

中学に入学したての6期生が、まず参加する行事が4月の「オリエンテーション合宿」です。奈良県宇陀郡曽爾《そに》村にある国立曽爾青少年自然の家にひと晩泊まって、クラスメートや先生たちの輪に溶け込みます。

8月には奈良県南部の霊峰・大峰山へ、3泊4日の登山。明けて3月には長野県志賀高原へ5泊6日のスキー合宿。その間にも小豆島での理科実験合宿、高校生と合同の文化祭や体育祭など、大忙しです。

特に宿泊行事を多くしたのは、6年後の大学受験に向けてじっくり絆をつくり、団結力を高めていく意味もあります。でも、行事に取り組む子どもたちを観察していると、ほかにもたくさんの効果があることが分かりました。

ひとつは、中学入試でのわだかまりをリセットできるということです。

西大和学園中学校へ入学してきた生徒のなかには、目指していた難関私立中学の受験に失敗した子もいます。

「もう一度試験をすれば合格者の3分の1は入れ替わる」とも言われる中学入試。高校入試と比べても運・不運に左右されることが多いので、一度の失敗を長く引きずる子がたくさんいます。でも、あちらへこちらへと次々に合宿していると、それぞれの環境に慣れようと必死になって、いつの間にか鬱々とした気持ちがリセットされるのです。

また、中学入学当初の子どもたちは、どうしても通っていた塾のクラスによって派閥に分かれてしまいがちです。それが、合宿で一緒に寝泊まりしながらワイワイやっているうちに、「派閥なんてあったっけ?」というくらい、しがらみがほどけてしまいます。

中学入学後の最初のテストで6年間のすべてが決まる?

中学受験を引きずるのは、何も受験に失敗した子だけではありません。新入生のなかにも、勉強に対して前向きになれない、なかなかやる気が出ない、〝燃え尽き症候群〟のような状態になる生徒が少なからずいるのです。その原因は、合格発表から入学式までの2カ月半の過ごし方にあります。

いわゆる〝魔の75日間〟です。

長期間にわたる受験勉強や精神的なプレッシャーから、ようやく解放された子どもたちは、合格発表直後からさっそく、我慢していたゲームに思う存分興じるようになります。受験期には厳しかった親御さんも「頑張って合格したのだから、この期間くらいは」と、うるさく言わないので、子どもは正々堂々ゲーム三昧。そのうち生活リズムが昼夜逆転し、学習意欲のスイッチも完全にオフになってしまいます。このオフモードが入学以降も続くとどうなるか。

西大和学園では中学入学から6年間、生徒一人ひとりの成績を追跡調査していますが、データを分析してみて、はっきりと分かったことがあります。それは

「中学1年の最初の定期テストでのつまずきが6年間続く」

ということです。

最初の定期テストは入学から2カ月後の6月です。このテスト結果が学年のなかでも下位だった生徒は、その後、最初の順位からなかなか浮上できない。傍から見ればちょっとしたつまずきであり、じゅうぶん巻き返せる成績なのに、本人はそれが西大和での自分の実力だと思い込み、勝手に順位を確定させてしまうのです。

学校説明会ではこのデータも紹介しながら、学習習慣を途切れさせないこと、受験勉強で後回しにしていた家の手伝いや礼儀作法などにも取り組んでおくことなど〝魔の75日間〟

をつくらないためのヒントなども保護者の方にお伝えしています。そのうえで、「学びたい」という意欲のスイッチを自分で押してもらうべく、入学早々のオリエンテーション合宿やたくさんの行事を通して、子どもたちの好奇心や探求心を刺激するのです。

海外研修旅行

中学校開校当初の行事で、一番の目玉は「アメリカ語学研修旅行」でした。英語の授業では、中学2年生まででで中学英語をひと通り終えるカリキュラムを組んでいます。そこで、中学3年生ではアメリカでホームステイを敢行し、しゃべれるかどうか挑戦してみよう、生の英語に触れてみよう。その成果を高校で生かそうという試みです。

今でこそ、海外への研修旅行やホームステイを実施する中学校も珍しくなくなりましたが、当時は前例が非常に少なく、近畿圏では西大和学園が初めての実施例でした。その意味では、現在さかんに叫ばれているグローバル教育の先取りともいえます。

第1回目は、6期生が中学3年生に進級したての1990年4月、私も引率として同行し、サンフランシスコへと向かいました。

この語学研修旅行は、私にとって中学校をつくるときの第一条件でした。若いころの海外放浪の旅で、日本人の英語教育の必要性をいやというほど痛感したからです。

33カ国、言葉の上では不自由なく過ごしたように書きましたが、実は会話には本当に苦労しました。

中高大と英語を学んだので、「英語くらい話せるだろう」と思い込んで旅に出たのですが、相手の言っていることがまるで分からない。ホテルのカウンターで「あなたのルームナンバーは○番です」と言われた、その簡単な英語すら聞き取れないのです。「これでは旅の意義が半減する」とストックホルムでのアルバイトで貯めたお金を入学金につぎ込み、イギリスの語学学校で2カ月間、英会話を学びました。その後のインドの旅では、外国語大学の英語科に通う日本人学生と一緒でしたが、彼はまったく英語ができず、私に頼りきりでした。

サンフランシスコでの交流会

「日本の英語教育は間違っているのではないか。読み書きや文法重視で、英会話教育がおろそかになっているのではないか」

このときに感じた疑問が、西大和学園の英語教育や、アメリカ西海岸でのホームステイプログラムへとつながっていきました。

実際に、ホームステイを体験した生徒は、わずか10日間ほどにも関わらず、帰国のときには見送りのホストファミリーとペラペラとしゃべっている。その姿を見て、プログラムの成功を確信しました。

事実、この試みは40年近く経た今も「アメリカグローバル研修プログラム」の名で継続され、多くの西大和学園生がここから国際人としての第一歩を踏み出しています。

世界へ飛び出す西大和学園6期生

6期生のなかにはその後、留学を経験している人が何人もいます。そのなかのひとりが、こんなことを言っていました。

「僕たちは中3で海外に行っているから、留学へのハードルが低いんです。西大和学園の卒業生は、みんなけっこう行っていますよ」

これこそ、私がアメリカ語学海外研修旅行で期待していた成果です。

このアメリカ語学研修旅行に先立ち、1987年3月には高校1年生を対象に「海外探求旅行」も行いました。行き先は中国です。

私は、世界各国から「信頼」されることが、日本の国際化の鍵を握ると思っています。そのためにも、まずは隣国との信頼関係を築くことが第一です。

「隣の国と仲良くなれなくて、どうして世界中の人々と信頼しあえるだろう」

これも、30カ国以上をまわりながら考えていたことのひとつです。

そこで、第1回海外探求旅行では、1期生たちを中国へ連れていきました。北京、西安、上海と中国の歴史をたどる一方、西安の中学生たちとはバレーボールやサッカーに興じながら交流を深めました。

ちょうど高度経済成長期に差し掛かっていた中国は、かつての日本のようにエネルギッシュそのものでした。中国の子どもたちも積極的で、1期生たちがたじたじするほどでした。そうした経験を通して、子どもたちは文化の違いや国民性を知り、外から見た「日本」を初めて知ったと思います。私が知ってほしかったのも、まさにそこでした。

教室から飛び出し、日本を飛び出し、世界に触れた数日間は、ひたすら机に向かう日々だった1期生たちにとって、大きな刺激になったと思います。

この時期の西大和学園は、教科指導に関してまだ質より量の時代でしたが、授業や補習やテストの繰り返しだけで進学実績が飛躍的に伸びるなら、教員はむしろラクだったかもしれません。

行事を含めてあらゆる労を尽くして、そのすべてが複合的に、総合的に作用して、初めて結果を出すことができる。1期生の快挙と6期生の躍進が、それを体現してくれていると私は思います。

生え抜き校長は34歳

西大和学園の校長には開校以来、3代続けて公立高校の校長先生を招いていました。

初代校長の木村雅吉先生はバイタリティあふれる方で、生徒の学力を伸ばすべく7時限授業や早朝補習の「ゼロアワー」を発案してくださいました。また、2代目校長の森井康雄先生には特に生徒指導に手腕をふるっていただきました。生徒たちがつつがなく、健全に学校生活を送ることができたのも、森井校長の迅速な対処・対応があったからこそです。そして、3代目校長の的場好之先生は、意思決定までのプロセスを体系化するなど、実務のエキスパートとして、まだまだ荒削りだった西大和学園の「学校」としての体裁を整えてくださいました。

みなさん公立で勤め上げた方だけに、進学路線への変更には複雑な思いがあったでしょうし、変更後もそこまで急に進学校には変われないと思っていたでしょう。それでも、最終的には路線変更を受け入れ、10年にわたり西大和学園の下地づくりをしてくださいました。

4代目校長をお願いしたのは、英語担当で長く学年部長を務めた平林先生です。「進学とはなんぞや」と悩みながら、そして改革否定派と戦いながら、ここまで懸命に引っ張ってきてくれました。私はその熱意を買いました。

校長就任に関しては、顔を合わせるごとにそれとなく本人に伝えていましたが、正式に伝えると、彼にしては珍しく少し不安そうにしていました。

「理事長、ありがたい話ですが、僕まだ34歳ですよ」

「30歳になったら県知事だってできるんやし、明治維新なんか30歳で日本を動かしていたんだから。じゅうぶん行けるよ」

「僕みたいな人間にできますかね」

「できるか、できないかは君の心が決めるんよ。自分ができると思ったらできるし、できへんと思ったらできへんねん。全面的に支えるさかい、頑張れ」

こうして、34歳の生え抜き校長が誕生しました。校長を支える教頭には、生え抜き2期生の今村先生を選びました。彼は32歳。校長、教頭を30代で固めて、さらなる躍進をするべく西大和学園は再スタートを切りました。

民間人校長の採用がさかんになった今では、30代半ばの校長先生も見受けられるようになったかと思います。しかし、当時は全国を見渡してもほとんどいなかったのではないでしょうか。

校長、教頭には、学校運営のマネージメントだけに専念してもらうことにしました。これ以降も、西大和学園では年齢に関係なく管理職になれば教壇から卒業です。このことは、他校の学校関係者の間でも話題となっていました。いわく

「西大和学園は進学校のライバルとして恐れるに足らず。教師として優秀な人材はすぐ管理職になり、教えなくなるから」

果たしてそうでしょうか？　私は逆の発想です。生徒の心をつかみ、教科指導や受験指導に優れた人ほど、学校の改善に関して鋭い知見を持っている。そういう人間こそマネージメントをすべきだと思っています。

どんなに優秀な教員でも、それを発揮できるのは担任や教科担当のときだけです。その能力を教室のなかだけに閉じ込めておくのは、本当にもったいないことだと思います。そういう人がいろいろなポストを次々に任されて力を発揮すれば、組織の血のめぐりがよくなり、学校はどんどん進化していくはずだと、私は確信していました。

進学推進派vs改革否定派の10年戦争に終止符

生え抜きの30代、しかも改革推進派の中心人物がトップになったことで、若い教員たちにとって学校は、これまで以上に風通しのよい職場となりました。

新校長は、クラス担任も学年部長も経験者しているので、多少無謀なカリキュラム変更や行事の追加も臆せず提案することができます。また、派閥的なムードも払拭されて、教員たちがお互いの授業を見学しあう光景も増えてきました。

進学校の教員にはプライドの高い人も多いですし、スキルを簡単に明かしたくないとか、派閥を理由にして同僚の授業を見学しない、させない人もいます。そうした利己的なマインドを捨てて授業をオープンにしたことで、教員たちは一人ひとりの授業力を確実に上げていきました。

さらに、教員たちの結束力が増して、教科ごとに充実したマニュアルもできてくると、既存の教員は授業内容のブラッシュアップやオリジナリティを出すための教材研究に注力でき、新任もマニュアルをベースに最初から質の高い授業ができる。そうなると生徒も保護者も新任に教わる不安がなくなる。だから、新任を積極的に採用でき、組織の血のめぐりが停滞することもない。まさに好循環です。

学校全体が日を追ってひとつにまとまりつつあることは、傍から見ていても分かりました。

生え抜き校長就任をもって、進学推進派VS改革否定派の対立に終止符が打たれた、と私は思いました。

10年あまりかかりましたが、それぞれが築きあげた教育観を尊重した上で、ひとつに収斂させるのは、それだけ根気と時間のいる作業なのです。そこまでエネルギーを費やせないトップが仕切る学校は、ムードもどこかぎくしゃくしたり、我関せずの教員も多くなり、どうしても思いきった改革ができないのです。

新体制で初めて臨んだ1998年度大学入試は、次の結果となりました。

東大・京大合格者は前年の43名から計60名に。西日本ランキングでは前年の13位から9

位となり、初のトップ10入り。そして、全国では19位。開校12年目にして、全国トップ20に初めて「西大和学園」の名が登場しました。

入学してくる生徒たちの学力レベルが年々上がってきたということはたしかに言えると思います。しかし、子どもの能力を生かすも殺すも先生次第ですから、やはり10年間で授業の質を上げてきた教員たちの力は大きい。

彼らは、学力に関して一定のベースはありましたが、それ以上に人間力と情熱を見込んで採用しました。そして「同じ教科を必死で10年頑張ったら、誰だって東大の問題を教えられるよ。だから必死に頑張れ」と励ましてきました。私のその言葉を、彼らはしっかり体現してくれました。

灘校の高すぎる壁

この年、1998年の東大・京大合格者全国ランキングトップ10は以下の通りです。

①開成（東京・218名）②洛南（京都・153名）③灘（兵庫・128名）④東大寺

（奈良・122名）⑤洛星（京都・118名）⑥麻布（東京・110名）⑦桐蔭学園（神奈川・110名）⑧ラ・サール（鹿児島・99名）⑨甲陽学院（兵庫・98名）⑩学芸大附（東京・84名）

トップ10のボーダーラインはやはり100人前後。ここからは、40人の差を縮めていく作業となりました。このランキングだけが「日本一の進学校」を測るわけでないことは重々承知ですが、学校の成長実感の目安として、何がしかの数字はやはり必要となります。

合格者数のほか、西大和学園を含めてトップ10圏内の半数を関西圏の学校が占めていることにも着目しないわけにはいきません。京都大学合格者の多数を関西圏の学校に通う生徒が占めているという実情もありますが、やはり関西圏にはトップ進学校がひしめいていることは間違いありません。

なかでも、兵庫県の灘高等学校は別格です。このランキングでは灘は128名、東大寺は122名と僅差ですが、東大合格者に限れば灘は92名、東大寺は32名となり、その差は小さくありません。

ちなみに、西大和学園の東大・京大合格者60名のうち東大合格者は18名でした。

長年にわたる高い進学実績はもちろんですが、灘校の圧倒的な強みはやはりそのブランド力にあります。受験や進学にまったく興味がなくても、他の進学校は知らなくても「灘・開成」の名は誰もが知っている。まさにトップブランドです。それもあって、特に関西圏では「灘へ入ることがステイタス」という発想が親御さんやお子さんにも、まだまだ根強いのです。

灘中には毎年、関西エリアのトップ中のトップ180名の中学1年生が入学します。その仲間に入れるということが灘校の最大の魅力であり、親御さんもそこを期待しています。実際、東大に入るよりも難しいとさえいわれているのです。東大をはじめとした難関大への高い進学実績と同時に、各界で活躍する輝かしい灘校出身者の一員となれることに、灘ブランドの魅力があるのです。

灘校に子どもを通わせる親御さんの中には灘校の教育力、指導力にそれほど期待していないという人もいるそうです。そのせいか、灘校の生徒はそのほとんどが、放課後は塾や予備校通いです。学校の授業だけで十分だというのなら、さらにお金をかけて塾や予備校に通わせることもないでしょう。

では、ブランド力では未知数の西大和学園を選んだ子どもや親御さんは、西大和学園のどこに魅力を感じ、何を期待しているのか。

実際に親御さんと話をしたり、卒業生にもアンケートを書いてもらい、出てきた答えは、やはり「西大和学園の教育」でした。

現在、西大和学園中学に入学してくる生徒の併願先は灘中や東大寺がトップです。言い方を変えれば、灘中や東大寺に不合格となって入学してくる生徒が多数いるのです。もちろん、西大和学園が第1志望という生徒は2000年代に入ると右肩上がりに増え、特にここ10年ではその傾向が強くなっています。それでも、灘中を落ちてきた生徒やその親御さんの多くは、中学受験で灘中合格に足りなかった点数分を西大和学園で取り戻したいと思って入学しています。

合否の差はほんの少ししかないはず。小学6年生のたった一度の入試での差なんて、たかが知れています。子どもたちの可能性は無限大。学力差はイコール偏差値の差ではないはずです。

開校初期を振り返れば、大学進学など考えもせずに入学してきた高校1年生が3年間がむしゃらに受験と向き合い、難関大学へ進学していった実績は、私をはじめ西大和学園教員陣の自信の源であり、プライドです。

「西大和学園なら塾にも予備校にも通わせずに東大、京大に合格できるはず！」

という授業、教育に対する期待も志望者の理由として大きいと思います。

まわりの子どもたちが遊んでいる放課後に、中学受験のために塾通いをしてきた子どもたち。それを見てきた親御さんたちにしても、「中学に入学したら、塾通いから解放させてあげたい」と望む方が多いのです。

西大和学園では中学生も高校生も、他の進学校と比較して予備校に通う生徒が少ないことで知られています。学校の授業で大学受験対策をほぼ満たしているので、塾や予備校に頼る必要がないのです。

ブランド力と教育力、どちらも揃うのがベストですが、ブランドが定着するには時間がかかります。それでも、学校をブランドより教育内容で選ぶ生徒や親御さんが増えているという手応えを、私たちはひしひしと感じています。

ダーウィンのことばを信じて

西大和学園を受験する子の親御さんには、ご自身も中学受験を経験している方が少なからずおられますが、やはり灘、開成、ラ・サールなど、その当時もトップ進学校・伝統校であった学校への絶対的な信頼感があるようです。

ただ、当時と今とでは受験の在り方や大学進学を取り巻く環境は大きく変わってきています。

例にあげるまでもなく、今の高校3年生が一般入試で大学へ行く割合は約50％。残りの半数は以前の推薦入試にあたる学校推薦型選抜推薦や、旧ＡＯ入試にあたる総合型選抜で進学しています。２０１６年からは東大が推薦入試を、京大が特色入試をスタートさせており、この流れはますます加速していくことでしょう。こうした入試事情や少子化の影響もあり、90年代には全国平均で3人にひとりだった浪人生も、今は5人にひとり。超難関・難関大学を除けばその割合はさらに減り、大学は〝全入〟時代を超えて、定員割れから大学閉鎖が続く〝淘汰〟の時代にすでに突入しています。

現在、小学6年生の子どもたちが大学受験を迎えるころ、果たして受験や進学の環境はどうなっているか——。世のなかの変化のスピードを考えれば、現在の進学実績のランキングが変わらず続いているとはむしろ考えづらいでしょう。その意味でも、今は世のなかの変化を見極め、しなやかな思考、発想で学校を選ぶ時代になってきているのです。

もちろん、変化への柔軟かつ迅速な対応が必須であるのは教員も同じです。

世界がこれだけ激変しているなら、そこで求められる人材もどんどん変化していきます。世界に飛び出し、時代に即して世界をよりよいものに変えていく。そんな人材を育てるためにも、教師自身が絶えず研鑽すべきなのです。

イギリスの自然科学者、チャールズ・ダーウィンは、その著書『種の起源』にこんな言葉を残しています。

「生き残る種とは最も強いものではなく、最も賢いものでもない。移り変わる環境に最もよく適応し、順応できたものである」

将来を担う生徒たちにとっても、彼らを育てる教員や学校関係者にとっても、まさに至言だと思います。

学校改革に関していえば、進学校は「環境」を用意するだけの時代から、「環境」プラス多面的な「教育力」で勝負する時代を迎えています。そこを追求すれば、トップブランドの高い壁に迫ることも不可能ではない。ダーウィンの言葉を信じ、この確信を原動力に西大和学園は、また新たな挑戦を始めることになります。

全国ランキングトップ10入り

生え抜き校長第1号である平林校長時代の西大和学園は、東大・京大合格者数を1998年の60名から63名、67名と着実に伸ばしていきました。そして、2001年は一気に94名で全国ランキング10位となり、初の全国トップ10入りを果たしました。彼らの中学校入学は1995年。つまり、「東大・京大合格者23名、うち現役合格者19名」という6期生の進学実績を見て西大和学園を受験した子どもたちです。

関西大学合格者20名という目標を達成し、祝勝会では先生方が歓喜のあまりビールかけをした、あの1期生の快挙から12年。西大和学園はついに日本の超最難関進学校と同じ土俵に上がることになりました。

なぜ、西大和学園はここまで急成長したのか。進学指導にどんな秘密があるのか。

生徒や親御さん、そして塾や学校関係者も知りたがっていました。答えは私を含め教員一同一致していて、教員たちの「熱意」と生徒たちの「努力」というほかないのですが、名門校の真似から始まった授業のカリキュラムや行事、子どもたちの能力を開花させる体験型プログラムは、その熱意と努力で改善に改善が重ねられ、今や「西大和スタイル」と呼んでも差し支えないほど充実してきていました。

進学実績だけでなく教育内容もきちんと理解してもらい、その上で西大和学園を選んでほしい。〝学園の顔〟となった平林校長はこの時代、西大和スタイルへの理解を求めるべく、学校説明会や関西圏を中心とした有名私塾、小学校などをまわりました。

若すぎるほど若い校長ですから、最初は誰もが怪訝な顔をします。でも、平林校長はそこを逆手にとり、説明会の冒頭で、まずこんなアピールをしてみせます。

「西大和学園の教員の平均年齢は31歳。校長の私を含め若くて熱意のある先生たちばかりです」

そして、身をもって表すとばかりに、ジェスチャーを交えながら熱血トークで参加者のみなさんを引きこんでいきます。教壇で10年間、生徒たちを惹きつけてきたのですから、これは平林校長の得意分野です。

不思議なくらい実績を伸ばす新規の学校ゆえ、そして校長、教頭の若さゆえに、塾や学校関係者にはなかなか理解されない、というより、そもそも話を聞いていただく壇上にも上がらせていただけないということもありました。教育内容より伝統やブランドに重きを置く風潮は、今も昔も変わりません。

あるとき、平林校長が私のところへやってきて、「もう、あきまへん。どうしましょう」とこぼしました。トラブルがあって、ある塾の先生に会うことすらできない状態にいるというのです。影響力のある学校や塾の先生が、一言でも「あの学校はあかん。やめておけ」と言えば、やはり生徒や親御さんは先生を信頼していますから、受験校リストから外してしまいます。


困りきっている彼に、私は言いました。

「平林君、あきらめたらあかん。今から行ってきなさいよ」

「え、だって玄関に入れてくれへんかったら、どうするんですか」

「入れてくれるまで頼み込めばええ」

「そんなん、えらいことになりますよ」

「ならへん、ならへん。大丈夫。情熱や」


こういうことを書くと、やっぱり教育はサービス産業だなと思われてしまうかもしれません。でも、私のなかでは違います。これは、学校をアピールすることだけに限らず、人生のすべてのシーンに通じることです。

「人間はつねに真っすぐに、きちんと相手と向かい合い行動していかなければいけない。

必死にやっていれば、こちらの思いは必ず伝わる。いずれ分かってもらえる」

それが、若いころのさまざまな経験や政治活動、そして数々の学校づくりで得た私の実感であり、私自身、いつも肝に銘じている教訓です。奥の手や裏の手を使っても、ゆくゆく尻ぬぐいをするのは自分ですし、そこには成長も人からの信頼もありません。

後日、くだんの塾の先生に会いにいった平林校長は、無事対面を許され、じっくり話を聞いてもらい、最終的に理解してもらえたそうです。時間はどんなにかかっても、やはり正々堂々、正面突破が一番なのです。

「受験勉強だけじゃなく、いろんなことを学びたい」という子が出てきた

平林校長が西大和スタイルの伝道師として奔走するあいだ、今村教頭には教員たち、特に学年部長たちをまとめるマネージメント役をお願いしました。

「学年部長は僕と同じ30歳そこそこのヤツらばかりで、みんな突っ走っているんです。そ

れこそ野武士集団ですよ。それをまとめろと？」

「君かて野武士の先頭切って走ってたやないか。今度は野武士を束ねる総大将になったらええ」

判断力が早く、物事をはっきり言う彼ならできると踏んだ、私なりの檄《げき》です。

これまでは、交渉力のある学年部長がいい人材を集めて他の学年に回さないということも少なくありませんでした。すると、どうしても各学年の実績に差が出てしまいます。また、各学年が行事から授業カリキュラムまで好きなように組んでいくので、学校全体の統一感も薄れているという現状もありました。それらを調整するのが今村教頭に課せられた大きな仕事でした。

ひとつの学年が勉強ばかりさせていて行事が二の次、三の次になっていたら、行事が得意な先生を入れる。中学2年生の学年はどうしても英語が弱いとなったら英語のエキスパートの先生を投入する。そして、各学年でバラバラだったカリキュラムや行事を見直し、よりシステマチックにしていく。この数年間にわたる調整で、学校がさらにひとつにまとまっていきました。

2001年に西大和学園が東大・京大合格者数全国ベスト10に入った背景として、校長や教頭たちのそうしたアクションも少なからず影響していたと思います。

校長や教頭のもとには、日々、学年部長や教員たちからさまざまな指導提案が上がってきます。

「数学や物理で飛び抜けた才能を持つ子には、大学レベルにまで食い込んだ授業を受けさせてみたらどうか」

「アメリカの語学研修旅行で、子どもたちの英語に対する認識は一変する。もっともっと生きた英語を習得させるプログラムを組むべきではないか」

「西大和はスパルタだと思っている子どもや親御さんも多い。入ってくる子どもたちも変わってきているのだから、これまでとは違う授業カリキュラムを組みましょう」

たしかに、この時代に入ると、以前とは明らかに異なるタイプの生徒も入学してくるようになっていました。

「1回解けば分かるから、同じような問題を3問も宿題で出すのはやめてください」

とさらっと言うような、あらかじめ理解力の高い子どもたちです。

彼らは「スポーツもやりたい、ボランティアもしたい、科学実験もやってみたい」と好奇心も旺盛で、オールマイティにすべてをこなします。

１９９５年には、それまでの7時限授業を週３日は6時限に減らすなど、すでにカリキュラム変更にも着手してはいましたが、ある程度管理力で子どもたちに学力を定着させていくという初期の方針は、まだ踏襲されていました。しかし、こうした新しいタイプの子どもたちに対しては、時間や課題の量で縛るようなやり方は、もう向かないのではないか。子どもの変化を考えたら、量より質でいくべきではないか。

社会的にも１９９９年の学習指導要領の全部改正にともない「ゆとり教育」が開始されようとしていた時代。「スパルタ教育」が悪の象徴のように言われることもあり、そのイメージが定着してしまうのは学校としてもマイナスです。そうした社会の動向も探りながら、教員たちのあいだでも、教育や指導のスタイルをめぐって、毎日のように議論が戦わされるようになってきました。

そんななか、２００１年4月から平林校長の職を引き継いだのが前・教頭の今村先生です。校長就任時は37歳。２人目の生え抜き校長となりました。

新校長をはじめ、教員たちは中学生の親御さんたちと世代的に変わりません。

「自分の子どもを西大和に入れたら、こんなことをしてもらいたい」

職員会議でも、学校帰りのお酒の席でも、つねに教育談義は親目線。だから余計に力が入るのです。そういえば、私も高校をつくったときは43歳で、彼らと同じ気持ちでした。

議論を重ねた結果、今村校長は西大和学園を新たな方向に軌道修正することを決めました。

東京大学でのスーパーサイエンスセミナーの様子

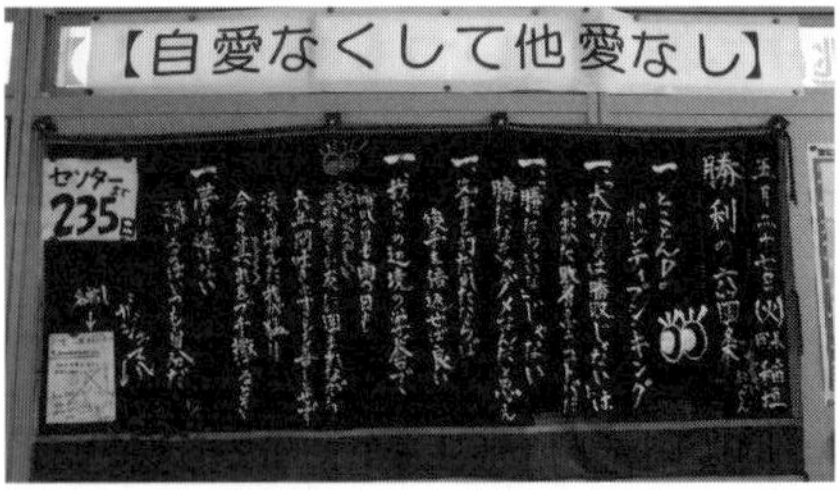

“体育会系”受験を象徴する西大和学園の廊下

「西大和ならではの面倒見のよさは残しつつ、生徒が自由に取り組めるようなあらゆるステージを用意する」

多面的な教育力の強化です。ここから西大和学園の教育内容は、さらに大きく変わっていくことになりました。

第5章

西大和学園の現在と未来

生徒を劇的に変えたスーパーサイエンスハイスクール

子どもたちの意識を大きく変え、また学校の教育力も大きく成長させたのが、2002年から始めた「スーパーサイエンスハイスクール（SSH）」としての活動です。

SSH事業とは、文部科学省が先進的な理数教育を行っている高校や中高一貫校を「SSH」として指定し、その活動を支援する取り組みです。将来を担う科学技術系人材を育成すべく事業が始まった初年度に、西大和学園も全国26校のひとつとして指定を受けました。

前述したとおり、西大和学園は2001年に東大・京大合格者数が94名を数え、初の全国ベスト10入りを果たしました。進学校として高みを目指すうえで、その数字を上げていくことが目標のひとつにはなります。ただ一方で、教員たちとは「東大・京大にバンバン合格させるだけの学校にとどまっていていいのか」という議論も頻繁にするようになっていました。

スクールアイデンティティ、つまり「西大和らしさ」「西大和イズム」を改めて考え、再構築すべき時がきているのではないかと。

ＳＳＨの指定を受けたのは、まさにそのタイミングでした。

ＳＳＨのメインは「サイエンス研究」という体験プログラムです。高校２年生の希望者は、夏休みに最先端科学を研究する大学や大学院の研究室を訪問し、高校レベルをはるかに超えた講義を受けたり、第一線で活躍する研究者の指導のもとで実験・実習を行ったりする「ラボステイ」を体験できます。

第１回のラボステイでは、奈良先端科学技術大学院大学（ＮＡＩＳＴ）で山中伸弥教授の研究室にお世話になりました。

山中教授は生徒たちの指導だけでなく、運営委員会にも参加してくださるなど、ご自身の研究時間を削ってこのプログラムに協力してくださいました。山中教授がｉＰＳ細胞の開発によりノーベル生理学・医学賞を受賞するのは、ラボステイから約10年後の２０１２年です。かつて指導を受けた生徒たちは、山中教授に〝弟子入り〟したときの体験を誇らしく思い返したことでしょう。

ラボステイでは、生徒と一流研究者のあいだに交流も生まれます。生徒のなかには、京都大学のさる研究所の教授から「現役の大学生より、よくできる。ぜひうちの研究所に残してくれ」とスカウトされた子もいました。

ＳＳＨの募集が来た当初、理科や数学の先生たちは「学校を休んで活動していたら、生徒たちは授業についていけなくなるし、自分たちも教材研究ができなくなる」と大反対でした。しかし、「来るものは拒まず、無駄なものはひとつもない」という私の考えを継ぐ今村校長は、「とにかくやってみましょうよ」と、導入に踏み切りました。

最先端科学に触れられるのはもちろん、大学生になった自分や研究者になった自分もはっきりとイメージできるという意味で、これほど有意義なキャリア教育もありません。第1回のラボステイを体験した生徒たちは、そこから勉強に対する姿勢が劇的に変わっていきました。また、生徒だけでなく、回を追うごとにＳＳＨの活動に熱を入れる教員も増えていきました。導入が間違っていなかった何よりの証でしょう。

ＳＳＨのプログラムに活き活きと取り組み、成長する子どもたちを見て、西大和学園らしい教育の方向性はおのずと決まりました。

「進学校としてのあゆみを進めつつ、生徒の可能性を引き出すような、あらゆる体験、探求の学びをどんどん提供していこう」

高校に加えて、2012年には中学も「スーパーサイエンスジュニアハイスクール（SSJ）」をスタートさせて、6カ年計画の「スーパーサイエンスプログラム」で充実したカリキュラムが組めるようになりました。

まず中学時代の3年間では、ウミガメの産卵観察会、化石やガーネット、サファイアの原石採集、天体観察といったサイエンスの世界を冒険できる体験学習や、実験・フィールドワークをもとにした研究論文の作成など、課題研究型のプログラムを通して、問題解決能力を育成していきます。

高校1年生では、研究者を招いてのスーパーサイエンス（SS）講義や、SS科学、SSディベートなどのさまざまな講座を受講し、研究活動に必要な能力や知識を養います。また、東京大学での特別講義も受講できる「東京SSセミナー」というプログラムにも自由に参加できるようにしました。

4年間で下地づくりを終えたら、高校2年生ではいよいよラボステイ。現在は京都大学とＮＡＩＳＴにご協力いただき、実際の研究室での研究・実習を行っており、この体験を通して、より明確に将来の自分像をイメージできた、進路を決めることができたという生徒も少なくありません。

２００７年に始まった「サイエンスナビ・ＴＡ」は、ＳＳＨ卒業生が実体験に基づいて進路ガイダンスを行ってくれるほか、週に一度ティーチングアシスタント（ＴＡ）として理科の演習や講義を行うという取り組みです。

この中高一貫型プランを、グローバル教育やキャリア教育ともきめ細かく連携していこうというのが、西大和スタイル。つまり自然科学のプログラムのなかに、英語の習得や世界に通じる人材育成を入れ込んでしまおうという、ＳＳＨ版〝詰め込み〟プログラムです。でも、参加する生徒たちはみんな興味のある分野や講座を自由に選び、しかも世界的な研究者たちと触れあいながら取り組むわけですから、詰め込みといっても楽しく、ポジティブな学習なのです。

さらに多様化した英語教育

学校をつくるときに私が絶対条件とした「英語教育」、そして「国際教育」も、ますます充実させていきました。

中学3年生でのアメリカ語学研修旅行は「グローバル研修プログラム」、高校1年生でのアジア圏への海外探求旅行は「海外探究プログラム」と名称を改め、子どもたちの体験の内容も年々深まっています。

高校1年生の旅行先は開校当初から長く中国でしたが、近年はインドコース、ベトナム・カンボジアコース、シンガポール・マレーシアコースの3つから興味のある地域を選べる選択制としました。このなかで一番人気があるのはインドで、毎年の希望者は学年の半数を超える200人以上もいます。

インドといえばスラムの多いイメージがありながら、一方でサイバーシティが一大発展しており、西大和1期生たちが訪れた当時の中国をほうふつとさせる凄まじいエネルギーを感じさせます。また、現地でふれあうインドの若者もとても積極的です。

生徒たちはインドの進学校に通う彼らの熱気に気圧されながらも、ディスカッションを通してグローバルでの協働や、ときに競争といった国際感覚を肌で学んでいきます。このアジア探究の旅では、現地の第一線で活躍する邦人の方たちにお会いし、講演を聞く機会も設けています。グローバル・ビジネスリーダーと直接ふれあい、素朴な疑問や意見をぶつける絶好のチャンスだけに、講演後の質問コーナーは1時間、ときに2時間に及ぶこともしばしばです。

一方、アメリカでの研修プログラムをきっかけに、異文化への理解をさらに深めたい、英語力を現地でもっと磨きたいと意欲がわいた中学3年生には、3カ月間、もしくは1年間の選択制で短期留学プログラムも用意しました。

このプログラムではアメリカでホームステイしながら、現地の有名私立校などでハイレベルな教育を受けることができます。長期間の海外での生活に不安を感じる生徒や、心配する親御さんもいますが、西大和学園は1993年にカリフォルニア校をオープンさせており、現地スタッフが手厚くサポートしてくれます。

また、1年間の長期留学を経験した生徒でも、留年することなく6年間で卒業することが可能です。これは、中高一貫の大きなメリットであり、子どもたちは心置きなく現地での暮らしを謳歌し、コミュニケーションスキルや自立心を身につけることができます。

これまで、多くの学校関係者、マスコミから「西大和学園が飛躍した最大の理由は?」という質問を受けました。その答えは、ここまで述べてきたように、ひとつではありません。多くの熱心な教師とそれに応えてくれた生徒たちの結集による成果です。ですが、あえてひとつ挙げるとしたら

「英語が9割」

という答えがふさわしいかもしれません。

数学に注力する進学校が多いなか、西大和学園では数学と同時に英語に力を注いできました。それは、私が学生時代に海外放浪で感じたことに始まり、西大和学園をつくるときから大切にしていることです。実際に、西大和学園の英語の成績は全国トップクラスです。

大学受験の観点で考えても、英語教育に注力することには大きな意味があります。英語は受験で裏切りません。大コケが少ない教科です。100点満点で70点取れる実力がある生徒が60点以下になることはまずない。つまり、計算できる科目です。その意味で、受験において英語で取りこぼさないことは大事なのです。

また、2010年前後からは東大入試の英作文にも論理的思考や批判的思考を問う出題

が出てくるなど、英語を「教科」ではなく、日常で使う「道具」として習得する必要性がますます高まってきました。それに、将来世界で活躍できるリーダーを育成するという私たち西大和学園の目標を鑑みても、英語を〝標準装備〟するための授業にしなければなりません。

そのためには、「英語のシャワーを浴びせる」ではありませんが、英語に触れる機会をいかに増やすかが焦点になります。

そこで、中学1、2年生では100万語読破を目指して、図書室にある6000冊以上の洋書を多読する時間を設けました。多読の3原則は「読み物を、英語のまま理解する」「理解度8割程度で読み進める」「自分のレベルにあった本を読む」です。

強制されない自由な読書体験にプラスして、大学生や英語の先生とつながるオンライン英会話、体育や音楽をネイティブ教員により英語で行うイマージョン授業、ケンブリッジ大学やオックスフォード大学の学生たちとホームステイやディスカッションなどで交流するグローバル・イングリッシュ・キャンプなど、ハードルを少しずつ上げていくカリキュラムを加えていきました。

ここ数年、大学入試改革に伴う英語教育の見直しで、「4技能（読む、聞く、話す、書く）」

の重要性がさかんに言われていますが、西大和では10年以上前から、いえ第1回アメリカ探求の旅までさかのぼれば30年以上前から着目していたことになります。

英語で世界の学生と討論できる模擬国連

こうした英語教育の実践の場として、生徒たちは「模擬国連」にもチャレンジします。模擬国連はハーバード大学で生まれた国連会議のシミュレーションを行う教育活動です。世界中の学生たちが、自分の国以外の国連大使に扮し、英語の資料を用いながら英語で討論する取り組みで、討論の議題は実際の国連のものから選んでいます。

日本では大学生のあいだで行われていましたが、２００７年に初めて日本代表団を国際大会へ派遣したことをきっかけに、全国の高校でも活動がスタートしました。西大和学園も２００８年から参加しており、２０１３年には日本代表としてニューヨークで開催された国際大会に出場。クロアチア大使となって「サイバーテロ」について議論し、23カ国２５００人が参加したなかで、見事優秀賞を受賞しました。

受賞した生徒のひとりは、実は途中まではあまり勉強しない、どちらかといえば目立たないタイプの子どもでした。ところが、この国際大会をきっかけに、英語はもちろんそれ以外の教科も熱心に勉強するようになり、最終的にはトップレベルの成績で卒業しました。「優秀賞もうれしかったけど、ほかの国の学生たちと自分が英語で対等に討論できたことがうれしかった」

模擬国連をきっかけに、彼が〝めざめた〟瞬間でした。

厳しい中学受験を乗り越えて入学してきた子どもたちは、入ったときこそドングリの背比べで成績がそれほど変わらないものの、やる気や理解力のわずかな違いで、だんだん成績に差が出てきます。いい成績がなかなか取れないし、宿題も難しくて分からない。分からないから宿題を出せないでいると、先生に怒られる――。その悪循環で勉強から遠ざかり、出口のない状態が6年間続いてしまうこともあります。

ところが、模擬国連に限らず、ボランティア活動や文化祭でのスピーチなどをきっかけに、そんな子どもたちが突然、秘めていた個性を開花させることがある。それが自信となって、成績も伸びていく。だからこそ、来るものは拒まずの精神でいいものはどんどん取り入れ、子どもたちにいろいろなことを経験させて、おおいに刺激を与えてあげたいのです。

模擬国連は全国の高校に広がっており、西大和学園の生徒たちも他校と切磋琢磨しながら、現在も熱心に取り組んでいます。2023年と2024年も全日本高校模擬国連大会で最優秀賞を受賞し、2年連続で日本代表として国際大会に出場するなど常連校として活躍しています。

京大ならどこでもいいという生徒はもういない

東大・京大合格者数を115名とした2005年、西大和学園は初めて同じ奈良県の名門超難関進学校、東大寺学園を抜き、全国ランキング4位となりました。

トップ3は開成、洛南、灘です。また、京都大学だけに限定すれば2010年度に合格者数83名で、初めて全国1位となりました。

しかし、私たちがこれまでに実践してきた教育の成果を真に実感できたのは、合格した生徒の数ではなく、生徒たちの進学に対するとらえ方のうれしい変化でした。

かつては「大学に入ればどこでもいい」「どんな学部でもいいから、京大に入りたい」という生徒もいましたので、狙いやすい学部、学科に特化して受験指導をしたこともありました。私たちの「進学実績を上げる」という直近の目標とそれは合致していましたので、〝体育会系受験部〟と呼ばれても厳に否定はできない日々を、生徒と教員が一丸となって送っていたのです。

もちろん、一丸となって大学受験に挑むという姿勢は今も変わりません。ただ、このころになると、西大和生のなかで「京大ならどこでもいい」という生徒はほとんどいなくなりました。東大、京大にどんなことをしてでも入れたいという教員も、またしかりです。

「京大の工学部で宇宙工学を学びたい」「理学部生物学科でバイオの研究をしたい」

そんな明確なビジョンを持った生徒と

「西大和に来たからには『何かをやりたい』と思ってほしい。やりたいことが見つかったら全力で応援したい」

という教員たち。両者が集う学び舎となっていました。

京大の合格者数が全国1位（83名）となった2010年度、西大和学園の東大合格者は22名と、この時代は京大がダントツで志望大学ナンバーワンでした。おもな志望動機は、生徒本人も親御さんも「自宅から通えるから」。特に親御さんにとっては、東京であれ、ほかの都市であれ、実家を離れて一人暮らしをさせる不安もありますし、家庭への経済的な負担も大きいでしょう。そうしたことは重々承知の上ですが、大学で学ぶ内容以上に地域を優先してしまうのは、ちょっと残念な話だとも思います。

たとえば地元で医師になり、ひとりでも多くの人を助けたいという生徒がいたとします。その志はとても素晴らしく、私たちは全力で彼を応援していきます。ただ、それにプラスして、たとえば環境について徹底的に研究して、画期的なシステムを開発したら、世界中の何百万、何千万の人々を救うことができるかもしれない。それも、スケールの大きい人助けにはならないだろうか、と伝えることも忘れません。大学の、日本の社会の枠にとどまらず、より広い視野を子どもたちに持ってほしいのです。

2012年から新教育課程での本校の取り組みとして、「キャリア教育の充実」と「英語教育を取り巻く環境の変化に対応する」という二本柱を打ち出したのも、子どもたちに対するそんな願いが込められています。

グローバルな次世代リーダーの養成を目的に、2013年からは「次世代グローバルリーダー養成プログラム」も始めました。

これは、アメリカの名門ハーバード大学で、世界各国から集う優秀な学生と交流しながら国際的なリーダーを育成しようという、高校1、2年生対象のプログラムです。事前研修を経た生徒たちは、地球規模の様々な課題をテーマに英語でディスカッションしたり、ディベートを中心としたワークショップや、ハーバード大学の学生たちとの交流に積極的に参加することで、将来における日本の果たすべき役割や自分が生まれ育った日本に対して、たくさんの〝気づき〟を得ます。

こうした取り組みが認められ、2014年には文部科学省から「スーパーグローバルハイスクール（SGH）」として指定されました。

「地球規模の課題に挑戦するグローバル・ビジネスリーダーの育成」を目的としたSGHに指定されたことにより、東京大学、一橋大学、京都大学、大阪大学、JICA、ユネスコといった大学や国際機関と連携しながら、新しい教育プログラムを組むことができました。また、スーパーサイエンスハイスクール（SSH）と合わせて文系・理系のバランスが取れた、高い教育力を発揮していくことができました。

70項目の改革案

大学入試の結果に焦点をあてれば、2005年以降の西大和学園は、開成、筑波大駒場といった関東勢、灘、洛南の関西勢と上位を争いながら、全国ランキングの5位前後が定位置となってきました。通常の授業以外にここまで多彩なプログラムを取り入れながら、同時に進学実績をキープしている学校は、そうそうないのではないでしょうか。

それでも、教員たちが現状に満足することはありませんでした。

「全国5位前後をキープしているということは、5位付近で停滞しているととらえることもできる。ならば、現在のカリキュラムや指導スタイルのなかに、なにか教育力の向上を阻む原因があるのではないか。我々の30年間の教育内容によどみが生じているのではないか」

この疑問を出発点に、問題点を1年間かけてすべて洗い出していく作業を続けていきました。中心メンバーは、今村先生から校長のバトンを引き継いだ上村先生、そして二人と同じ教員2期生で、長らく学年部長として子どもたちの成長を温かく、ときにエネルギッシュに後押ししてきた教頭の中岡義久先生、そのほか幹部の先生たちです。

西大和生が描いてきた成長曲線のデータベースや教壇に立つ教員たちの生の声、そしてもちろん生徒や親御さんの要望も参考に、日夜、彼らと議論を戦わせた結果、作成されたのが「70項目の改革案」。実際には70項目以上に及ぶ、教育力改善、アップのための学校改革案でした。

項目には明日にでも改善できるものもあれば、議論し続けた結果の改革もあります。そのなかでも、大きかったうちのひとつが「女子中等部」の創設でした。

西大和学園は、男女共学の高校に始まり、2年後に男子のみの中学校をスタートさせたという、変則的な歴史があります。

その後、中学校の学級数を徐々に増やしたことから、男女共学の高校は当初の7クラスから2クラスまで減っていきます。そうなると、中学生が内部進学した高校では男女数のバランスが悪くなってしまい、女子は体育の授業や行事、クラブ活動が制約されてしまう。
こうした事情にプラスして、男女共同参画社会の実現、日本の未来を担う女性の活躍がますます期待されるなか、西大和学園としても優秀な女性の育成に取り組むべきだという声が教員たちからも上がり、２０１４年度入試から女子中等部を募集することになったのです。

女子中等部の１期生は、灘が共学であれば当然そこへ進学したというレベルにありますから、中学時代は男子より女子のほうが優秀です。ただ面白いことに、高校生になると勉強以外のことに夢中だった男子が目覚めて、どんどん追い上げていくという図式もみられます。

女子の受験生のほとんどは西大和が第一志望であり、募集人数も男子の１８０名に対して40名と少数精鋭。それだけに、やはり進学実績も高く、令和の時代を迎えてここ数年は、女子中等部卒業生の約４割が東大、もしくは京大に合格しています。
一方で、男子のなかにも西大和学園の教育に興味をもち、「この学校で学んでみたい。海外研修などいろいろな体験をしてみたい」など、意欲あふれる子が年々増えてきており、

2024年度入試における合格最低点をみても、女子が344点、男子が339点と、その差は大きく縮まってきています。

日本一放課後が賑やかな学校になった

中高一貫ながら高校でも生徒を募集する西大和学園ならではの課題としては、内部進学生と高校から入学してきた生徒の学力差もありました。

西大和学園では中学1年からの教育が充実しているので、高校1年次にどうしても学力差ができてしまい、高校から進学してきた生徒のモチベーションがなかなか上がらない場合も多いのです。

そこで、2015年度の高校生徒募集は「東大・京大・国公医コース」としました。募集人数は合わせて90名です。進学校が集中している関西圏では、私立のみならず公立でも学科の名称を変更したり、学科を統合、あるいは複数に分けて特色を打ち出す学校がたくさんあります。そんな動静も考慮に入れながらのコース新設となりました。

授業の進度なども勘案し、中高一貫生と高校入学組は3年間合流しないこととし、それぞれに学年部長を置くことにしました。教員たちが良い意味でお互いにライバル心を持ち、切磋琢磨しながら超難関大学を目指す。その相乗効果は間違いなくプラスに働いています。

最近では高校募集をやめて中高一貫に絞る私立校も多く、同じ奈良県にある屈指の伝統校、東大寺学園も２０２４年度から高校募集を停止しました。

それぞれにメリット、デメリットがあり、一概には言えませんが、高校進学組からも
【２０２０年度】13名、【２０２１年度】17名、【２０２２年度】12名、【２０２３年度】10名の現役東大合格者が出るなど、おおいに健闘しています。また、授業以外の行事はすべて合同で行うので、中学3年間を別々の環境で過ごしてきた両者が理解しあい、刺激を与えあうチャンスもたくさんあります。多様性を受け入れ、楽しみ、学ぶという目的からも、西大和学園では高校入試を中止する予定は今のところはありません。

70項目のなかには、もちろん授業内容に踏み込んだものもあります。前述したように、英語以外の授業をネイティブ教員がすべて英語で進行するイマージョン授業も、英語教育の改革を模索するなかで出てきたアイデアです。

ほかにも、8時55分から10分間、毎日小テストを行う通称「８５５」の導入、放課後に

実施する学年枠を外した英会話講座、卒業生・一般大学生などのティーチング・アシスタント、学習指導補助員の採用、ｉＰａｄの全生徒への支給を手始めとするＩＣＴ教育の充実なども、そのごく一部です。

改革のなかでは、予備校や塾などとの連携をスタートさせたことも大きいかもしれません。開校以来、西大和学園では手厚い補習や受験対策授業を教員たちの矜持とし、合格実績が上がるにつれて「塾のいらない進学校」というイメージが定着していました。

しかし、受験を控えた生徒のなかには、学校で受ける授業や補講以上のレベルを求めている子もいれば、クラスメートのなかで後れを取り、もう追いつけないのではないかとひそかに焦っている子もいます。入試方法も本校での一般入試に加え、多様な能力や可能性を問う「21世紀型特色入試」を設置、入試会場も、それこそ北は北海道から南は沖縄まで全国に広がったこともあり、子どもたちの個性も勉強スタイルもどんどん多様化してきているのです。

そんな生徒一人ひとりに対して、よりきめ細かく受験指導していくために、学校内に集団塾と個別指導塾を順次導入していきました。

当然ながら、教員たちが進学指導を塾任せにすることはありません。

ふだんから生徒たちと関わり、つぶさに観察している教員だからこそ、生徒それぞれがどんな仕事をしたいか、またどんな生き方をしたいかなど、将来の進路を共に考えることができ、その進路に即した進学指導ができるのではないでしょうか。

ちなみに、２０２３年度の東大合格者73名のうち、現役合格は50名。このなかで、校外の予備校や塾に通っている生徒はほぼいませんでした。

「うちの学校の放課後って、かなり変わっていますよね」

にこにこしながら語るのは、中学・高校の学園長である岡田清弘先生です。物腰の柔らかさと軽妙かつ誠実な語り口で、長年にわたり学校説明会では欠かせぬ存在。学校のスポークスパーソンとして西大和学園の魅力を伝えてくれています。

「通常の授業が終わるやいなや、部活や模擬国連などのプログラムへ急ぐ子もいれば、学内塾の机に向かう子、『先生、来て来て！』と職員室から教員を引っ張り出して〝即席塾〟を開講してもらう子……。生徒のなかには、『進学校って放課後に誰もいなくなるみたいだけど、うちは全然違う。こんな賑やかな学校ないで』と、名門校に進んだ友達に自慢する子もいるみたいですよ」

40年前、開学当時の西大和学園も、それはそれは賑やかでした。ただ、机や椅子が床にたたきつけられたり、ときに窓ガラスが割れたりという派手な音もセットでしたが。やっていることはまるで違えど、その年齢特有のエネルギーに満ちあふれていることと、磨くほどにまぶしく輝く可能性を秘めていることは、どの時代の子どもたちも同じです。その輝きを誰一人曇らせることなく巣立たせることが、私たち教育者のやりがいであり、使命にほかなりません。そのためには変化を恐れず、時代に即してスピード感をもって改革、改善していくことが何より大切だと私は考えます。

東大合格者増加のポイント

西大和学園の東大合格者が、初めて京大合格者を上回ったのは2019年。東大には全国11位、関西では灘につぐ2位となる42名が合格、京大は34名でした。これ以降も東大の合格者は順調な伸びを見せており、躍進する関西の進学校として注目度も一気に高まっています。参考までに、直近5年間の東大・京大合格者数は以下のとおりです（現浪合計）。

【2020年度】東大53名・京大52名
【2021年度】東大76名・京大63名
【2022年度】東大79名・京大40名
【2023年度】東大73名・京大39名

東大合格者が増えた背景には、関西圏において大学進学を取り巻く状況が変化してきたことも無関係とはいえません。

2011年、大阪府教育委員会が「グローバルリーダーズハイスクール（GLHS）」の制度を設け、北野高校や天王寺高校など公立高校10校を指定しました。大阪が府をあげて難関大学進学プロジェクトに取り組むことになったわけです。そうなると、いずれ京大の合格者がこれらの学校で占められることもたやすく予想できました。

東大・京大の合格者数を進学校としての成長のバロメーターとし、また対外的にもアピールポイントとしてきた西大和学園ですが、奈良の地に根を下ろす私学として、どのような存在価値を生んでいくか。改めて、教員たちと議論を重ねる日々が続きました。そして「京大進学者の輩出に満足せず、その先を目指そう」という意識が、教員たちのあいだにも浸透していきました。

ちなみに、ＧＬＨＳ制度は私たちの予想通り大きな成果をあげており、２０２３年までの直近6年間は北野高校が連続で京大合格者トップをキープしています。

ただ、そうした背景とは別に、２０００年代以降は東京大学を目指す生徒が右肩上がりに増え続けています。

もちろん、東大が海外の目から見ても日本を代表する大学であること、国内では異論なく最高水準の学びを受けられることが大きな理由ですが、東大独特の「進学振分け」制度を志望動機にあげる生徒も確実に増えています。

進学振分け制度は通称「進振り」とも言われ、東京大学では２００６年度の新入生から採用されています。学部の4年間のうち前半の2年間は教養にあてられ、幅広い教育課程で視野を広げたあと、3年の進級時に初めて専攻を選択できるシステムです。たとえば、理科一類で合格した学生でも、前半の2年間で興味や関心が移れば、3回生から文科一類の法学部など他の科類の学部に進むことができます。

学生のなかには、大学で講義を受けたら自分が学びたい分野とは違っていたとか、大学進学後に自分がやりたいことが見つかったという人も少なくありません。それに、考えたら高校3年の受験期までに将来を明確に決められる生徒のほうが、むしろ少ないのではないでしょうか。

実際、西大和学園のなかにも、在学中には自分の進む道が決められない、将来を描き切れないという生徒は多いです。私自身の10代を振り返っても、それは同じ。将来が見えなかったからこそ、「まずは海外を回り、世界がどんなものか見てやろう」と思い立ったわけです。私が政治家になろうと最終的に決意したのは30歳手前、教育を生涯の使命と決めたのは40代です。

中高6年間で様々な学びに触れ、幅広い、そして外向きの視野を磨いてきた西大和生たちだけに、将来の選択肢を絞らずに大学に進み、入ってから好きな道を選べるという東大の教育方針に魅力を感じる生徒が増えたという一面はたしかにあると思います。

世界で活躍する大人と出会えるトッププランナー講義

自発的に東大を志望する生徒が増えていった理由としては、西大和学園の様々なプログラムを通して、世界の最前線で活躍する大人たちや卒業生たちと直接コミュニケーションを取る機会が増えたことも大きいと思います。

そのプログラムのひとつがＡＩＰ（アクション・イノベーション・プログラム）です。

西大和学園では文科省の指定を受け、２０１４年度から４年間「スーパーグローバルハイスクール（ＳＧＨ）」の活動を続けていました。ＡＩＰは、そのプログラムをさらに進化させたもので、中高６年間で国際人としての素養から実践的なビジネススキルまでを段階的かつ多面的、包括的に習得していきます。

知性・国際性・人間性を備えた真のグローバル・ビジネスリーダーの育成。あらゆる分野で30年後も輝き続ける〝プラチナ人財〟の輩出。それがＡＩＰの目的です。

西大和学園で試みてきた教育をよりブラッシュアップさせ、体系化したものだけに、プログラムすべては紹介しきれませんが、生徒たちがおおいに刺激を受けているのが年間6名の外部講師をお招きする「ＡＩセミナー（トップランナー講義）」です。

起業家、研究者、投資家、クリエイター……講師をお願いしている方の活躍する分野は多岐にわたりますが、共通しているのは刻々と変わりゆく今、この瞬間にも最前線に立ち、生き生きと現場を動かしているトップランナーであることです。講師の方のなかには東大の卒業生も多いので、生徒たちは〝未来の自分〟にも思いを馳せることになります。このＡＩセミナーをきっかけに「自分も世界に飛び出して活躍したい」「業界のトップランナーになりたい」など、新たな夢を見つける生徒も多いのです。

ＡＩＰ以外の取り組みでは、高校1年生を対象とした「東京グローバルサイエンスセミナー」も生徒たちをおおいに刺激しているようです。

関西圏から飛び出し、政治・文化・経済の中心である東京を体感する、いわば進化版の社会見学です。生徒たちは3日間で国内各業界トップ企業での研修、財務省や文科省などの省庁と国会議事堂の見学、そして東京大学での特別講義や西大和卒業生との交流を体験します。このセミナーが、自身の将来について真剣に考えるきっかけになったという生徒も多く、有意義なキャリア教育となっています。

ＡＩＰをスタートさせた当時の校長は、教員２期生の中岡先生です。「〝刺激〟と〝感動〟こそが生徒の成長を促す」との信念をもつ中岡先生は、「質の高い授業は担保したうえで、子どもたちの知的好奇心を存分に刺激するようなプログラムを用意し、ワクワクするような中学・高校生活を過ごしてもらいたい」と常に考え、西大和学園ならではの学びを教員たちと練り上げていきました。

そんな思いから始まった数々の取り組みを通して、生徒たちは関西から東京へ、東京から世界へと視野を広げ、夢や目標の選択肢も増やしていくことになったのだと思います。

東大をすべり止めに海外名門大学へ

「組織は血のめぐりが一番」

と教員たちにつねづね言ってきた私は、２００８年に理事長の職を離れ会長になりました。後を引き継ぎ現在まで理事長として西大和学園を率いているのは、私の長男の田野瀬太樹です。在京のテレビ局に数年勤務したあと、西大和学園の系列の大学で卒業生の進路先企業を開拓する仕事や、西大和学園の総務などを歴任し、10年間「学校」という世界で学んだのちに43歳で理事長の職につきました。

私は新たな学校づくりに忙しく、彼も教員たちと時間があれば対話し、ときには意見をぶつけ合いという日々を送っていますから、顔を合わせることはめったにありません。それでも、会えばさりげなく私の体を気づかってくれます。そして、

「西大和は昔と変わらず、先生と生徒の熱気でぐつぐつ煮えたぎっているし、ますます面白い学校になっていますよ」

と報告してくれます。

現在、太樹理事長と日々熱い議論を交わしながら「次代を担うリーダー」の育成に奔走しているのが、2022年から新たに中学・高校の校長となった飯田光政先生です。

開学当初から私と共に中学・高校の礎を築いてくれた先生方は、後述する同じ西大和学園グループの大学や短大で、その立ち上げや運営に力を注いでいます。彼らを第一世代とするなら、飯田先生率いる現在の教員たちは教員第二世代ということになるでしょうか。

第二世代の平均年齢は30代後半。名門進学校に比べると、かなり若いかもしれませんが、思春期の生徒たちと時にぶつかり合いながら、全力で導いていくには、エネルギーに満ちた若い力がやはり必要です。

飯田校長の呼びかけで週に一度行われている学年部長のミーティングで、最近新たに決まった目標のひとつが「中等部・高等部合わせて毎年100人、コンスタントに東大合格者を出そう」というものです。

「30年後の西大和学園はどこを目指すべきか。絵に描いた餅ではなく、生徒と教員が一丸となって本気で目指せることを議論するなかで出てきた目標です。これだけ優秀な子たちが集まり、『東大に行きたい』と自分たちから声をあげてくれているのだから、絶対に入れてあげよう。トップダウンではなく現場の教員から、そういう声が上がってきたんです」

ただ、飯田先生以下、若き先生たちがこの目標を設定した真の理由は他にあります。

「西大和学園は、東大をゴールとしない〝次の段階の教育〟を目指しています。『東大100人合格』は、その段階にシフトチェンジするための目安の数字なのです」

有志の教員たちがプロジェクトチームを結成し、2022年の秋に始動した「海外大進学プロジェクト」は、シフトチェンジに向けての第一の布石です。

海外トップ大学の進学指導で実績をあげている進学塾のＲｏｕｔｅ Ｈと提携し、ハーバード、スタンフォード、オックスフォード、ケンブリッジといった大学への進学に向けて、最新の動向や具体的な受験・進学のノウハウを含めて希望する生徒たちを徹底的にサポートしていきます。

思えば、日本の教育には長らく、目に見えずとも分厚い〝天井〟が存在し、子どもたちの夢や大志を阻んできました。その天井とは、ひと昔前なら「医大に行って医者になるのが人生のゴール」、近年では「東大に行くことが勉強のゴール」といった思い込みです。親御さんの影響や教員の知識不足などにより、子どもたちは本来、青天井であるはずの将来を自ら閉ざしてしまう。その天井を取り払い、人生には大きな可能性があることを示してあげたい。教育の世界に足を踏み入れて以来、私も絶えずそう思い続けてきました。

東大はゴールではありません。東大への進学は大きな夢や目標をかなえるための、ひとつのツールに過ぎないのです。

「海外大進学プロジェクト」は西大和学園にとっても大きな挑戦であり、教員たちは全身全霊で取り組んでいくことでしょう。その情熱は本物です。見えない天井の存在を教えてくれるのは教員かもしれませんが、突破するのは生徒たち自身。西大和の子どもたちには、そもそも存在などしない天井など軽々と打ち破り、あるいは飛び越え、ぜひ自分の人生を見通せる人間になってほしいと願っています。

教員・職員たちの夢は、ただひとつ。

「西大和学園の教育を、日本の教育のスタンダードにすること」

世間では「自由な空気のなか、子どもたちの自主性を重んじる教育をしています」という進学校にまだまだ人気が集まっています。それと比べれば、西大和学園は面倒見がよすぎて窮屈だというイメージが、まだ根強いようです。

でも、世界に飛び出していく人材をつくるのだから、子どもたちにはいろいろなステージを用意してあげたい——。彼らの能力を目一杯開花させてあげたい。勉強したいというなら、とことん付き合ってあげたい。

選択肢の幅を広げ、子どもたちに自由に選びとってもらうスタイルに変身しつつ、やはり子どもたちと関わらずにはいられないのです。

「西大和のスタイルが起爆剤となって、日本の教育全体に刺激を与えるような、そんな学校にしていこう」

現理事長のかけ声のもと、西大和学園中学校・高等学校の挑戦は続いています。

アメリカ西海岸に西大和学園の教育を展開

地元奈良県五條市に妻と開園したなかよし保育園に始まり、西大和学園高等学校、そして中学校と3つの学校をつくり、運営したお話をここまでしてきました。しかし、実はこの40年近い間に、私は同時進行の形で国内外のさまざまな学校づくりにもチャレンジしてきています。

「中学・高校を進学校として発展させることも大切な仕事だが、それだけでは寂しい。教育にかける私たちの熱い思いを、あらゆる世代、分野の人たちにも感じ取ってもらいたい。『西大和学園グループの学校に行くと、いろいろな教育が導入・実践されている』と思ってもらえるような総合学園にしたい。生徒、学生、教職員に、今までの学校の概念を覆すような豊かな経験をさせてあげたい」

高校をつくっているときから、私のなかにはずっとその思いがあり、「ここではとどまらないぞ」と思いながら、ひとつずつ夢を形にしてきました。

西大和学園高校の5期生が国公立大学に180名合格と順調に進学実績を伸ばした1993年、アメリカ・ロサンゼルスでは日本人学校「西大和学園カリフォルニア校」がオープンしました。北米の日本人学校は意外に少なく、10校に満たないと思います。西大和学園カリフォルニア校はアメリカ西海岸で唯一、文科省に認定された全日制日本人学校です。

開校のきっかけは、現地の日系企業に赴任している駐在員のご家庭からの要望でした。中学3年生の米国語学研修旅行に引率で帯同した私は、ロスの現地校に子どもを通わせる親御さんたちから、こんな相談を受けました。

「子どもがすぐに英語を話せるようになったと喜んでいたら、『お母さん、青森県てどこにあるの？』と。日本の教育や文化も学んでおかなければ、帰国したときに子どもが苦労してしまう。英語教育半分、日本の教育半分の学校をつくっていただけませんか」

私もまだ40代と若く、「なんでもやってやろう」と今以上に血気盛んでしたので、二つ返事で学校設立の約束をしてしまいました。

しかし、言うは易しとはまさにこのことでした。とくに周辺住民の方々から理解を得ることは気の遠くなるほど難しく、クルマの出入りひとつにも「住環境が脅かされる」とクレームが集中しました。

2年ほど交渉を続けた末になんとか了承を取り付け、現地校の空き教室を借りる形で1993年4月、授業をスタートすることができました。

最初は赤字続きで苦労したものの、「物事を国際的視野に立って考えることのできる感性を身につけた、真の国際人の育成を目指す」という教育方針が徐々に受け入れられ、年月を経て幅広い年齢層の子どもたちが集まってくれるようになりました。

現在、カリフォルニア校には保育園、幼稚園、小学校、中学校の併設校、そして毎週土曜日には子どもたちが日本語や日本の風土・文化を学ぶ補習校があるほか、シリコンバレーで有名なサンノゼには幼稚園、アーバインにも補習校を設け、3カ所の学校をあわせて延べ1000人近い子どもたちが学んでいます。さらに、距離的に通いづらいなど何らかの理由で補習校に通えない子どもを対象に、2022年から「西大和学園オンライン補習校」も開校。西大和ならではの日本の教育を提供しています。

現在の西川勝行校長は「西海岸を西大和学園の教育で埋め尽くしたい」というビジョンを持ち、就任以来アメリカでの学校づくりに励んでくれています。

女子短大から始めた大学づくり

カリフォルニア校開校から5年後の1998年4月、西大和学園から200メートルほど下った敷地に「白鳳《はくほう》女子短期大学」を開学しました。私の長年の夢である「4年制総合大学設立」に向け、まずは短大から「大学」の領域にチャレンジすることにしたのです。

高校のときと同様、大学づくりもまったくの素人でしたので、周囲の方から「今は4年制大学の時代。短大は定員割れを起こしているというのに、短大をつくってどうするの」と笑われながらのスタートです。それでも「4年制設立に向けてのステップなのだから、まずはなんとか短大を軌道に乗せたい」という一心で、大学としての体裁を整えていきました。

開校当初は「国際人間学科（現・総合人間学科）」を設け、まず一般教養型の短期大学からスタートしましたが、やはり時代の趨勢はいかんともしがたく、残念ながら定員割れからの出発となってしまいました。

大きな転機となったのは2002年、保育士や幼稚園教諭を育成する幼児保育専攻（現・こども教育専攻）を設けたことです。資格系大学のニーズの高まりもあって人気となり、その後も看護師を養成する看護学専攻、理学療法士を養成するリハビリテーション学専攻の設置で、さらに多くの学生が集まるようになりました。

看護学専攻もリハビリテーション学専攻も、希望者は3年間プラス1年間の専攻科進学で、看護学専攻なら「看護師」のほかに「保健師・養護教諭」「助産師」「言語聴覚士」のいずれかの資格を取得することも可能、しかも4年制大学卒業と同等の「学士」も取得できる。この「W資格＋学士」取得という短期大学ならではの合理的なコース設定が大きな人気を集めています。

国家資格W取得の強みはもちろん、学生一人ひとりに対するきめ細かい進路・就職サポートも徹底し、開学以来すべての学科・専攻で、就職希望者の就職率100％を継続する白鳳短大は、今や全国トップクラスの就職実績を誇ります。なかには他の4年制大学を経て、白鳳の専攻科に入学してくる学生もいるほどです。

2015年にリハビリテーション学専攻を男女共学にしたのを手始めに、2021年4月には全学部が男女共学に。また同年には、こども教育専攻で「大学編入コース」が始まりました。

白鳳短大で2年間学んだ後、3年次から同じ西大和学園グループの大和大学教育学部のほか、大阪教育大学、神戸大学などの4年制大学へ編入できるという白鳳独自の編入システムで、「4年制大学で学びを深めたい」「幼稚園ではなく小学校の先生を目指したい」など、短大入学後に新たな目標や夢を見つけた学生たちに応える形で誕生しました。

そして、グループ校の大和大学との連携をさらに強化すべく、2023年4月からは大学名を新たに「大和大学白鳳短期大学部」と変更しています。旧態依然とせず、柔軟に時代のニーズに合わせながら学生の夢や希望をかなえていく。開学以来の経営方針は、今後も変わることはありません。

夢の4年制大学がついに開学

アメリカの全日制日本人学校、短期大学に続き、2014年4月、私は教員たちに語り続けてきた夢を、ついに実現させることになりました。大阪府吹田市に4年制私立大学を開学させたのです。

いずれ必ず総合大学にする。その大きな夢を託し、なおかつ簡潔明瞭な名称を熟考した結果、大学名は「大和大学」としました。

これまでの西大和学園は、中学・高校、短大とも奈良県内に設置しましたが、大都市・大阪へ進出したいという思いはずっとありました。そこで数年間をかけて神戸、大阪、京都間のJR幹線沿いで200カ所ほど条件に合う場所を探した結果、ようやく見つけたのがJR吹田駅から徒歩7分という現在の2万坪の土地です。吹田駅はJR大阪駅から9分、新大阪駅からは4分。大学の立地として申し分のない場所です。

大和大学では「保健医療学部」と「教育学部」の2学部からスタートしました。前者は、短大で看護師や理学療法士などの育成経験があったことが設置の決め手となりました。また、教育学部は、西大和学園グループで幼・小・中・高の若い教員を養成してきたこれまでの経験を生かすべく立ち上げました。

初年度には２７００人の受験生がありましたが、西大和学園中学・高校のスタートと同様、一定のレベルを保つために合格者は７００人としました。入学者は保健医療学部約２００名、そして教育学部は約１９０名。とても礼儀正しい、すがすがしい若者が集まりました。記念すべき〝大和大学１期生〟たちです。

これ以降も、大和大学は数年ごとに学部を新設していくことになります。以下、設置順に学部と学科と、現時点での定員をあげてみます。

２０１４年４月　教育学部　教育学科（４専攻・定員１９０名）
　　　　　　　　保険医療学部　看護学科（１００名）、
　　　　　　　　総合リハビリテーション学科（３専攻・１２０名）
２０１６年４月　政治経済学部　政治・政策学科（２専攻・60名）
　　　　　　　　経済経営学科（２専攻・１２０名）
２０２０年４月　理工学部　理工学科（５専攻・２３０名）
２０２１年４月　社会学部　社会学科（３コース・２００名）
２０２３年４月　情報学部　情報学科（３コース・２００名）

開学から10年間で幅広い、また時代に即した学問領域をカバーする学部・学科を順次増やしてきました。

実学・実践を重んじる究極の大学

大和大学が目指しているのは、世界を舞台に活躍するリーダーの育成であり、学術文化の向上と国際社会の平和・発展に貢献する有能な人材の育成です。この目標を達成するために、それぞれの学部・学科が数多くのこだわり抜いたカリキュラムやプロジェクトを設けています。とても紹介しきれませんので、ここでは全学部に共通している大和大学ならではの学びの特徴を大きく3つあげておきたいと思います。

ひとつは、徹底した実学・実践主義です。

すでに述べたとおり、西大和学園中高でも開校当初から「子どもたちが実際に見て、触れて、本物を知り、たくさんの刺激を受ける」という体験型のプログラムを重視してきました。実学は〝西大和の教育〟における根幹ともいえます。大和大学でもその教育を踏襲していくことは、開学の前から決めていました。

実学主義を象徴する取り組みのひとつが、教育学部の「ヤマトプラン」です。

これは地元の吹田市と連携して行う学校体験プログラムで、学生たちは入学間もない1年次の前期から吹田市内の小学校、中学校を訪問し、授業や行事への参加・協力を通して教育現場を肌で知り、学んでいきます。ヤマトプランは教育の分野で広く注目されており、次代の教員養成のあり方を議論する文科省の「中央教育審議会」の合同部会でも、先進事例のひとつとして紹介されました。

また、同じ西大和学園には中学・高校もあれば、カリフォルニア校には幼稚園から中学生の子どもたちもいます。学生たちは、希望すれば国内外のグループ校で現場体験もできます。

ほかにも、たとえば保険医療学部なら、大学が連携する約200の関西圏の医療機関で豊富な臨地・臨床実習ができますし、政治経済学部をはじめ理工学部、社会学部などでは、今まさに日本の政治、日本の経済を動かしているトップリーダーによる講義や、日本・関西を代表する企業との連携・協力によるＰＢＬ（実践型課題解決学習）を体験できます。

情報学部で開講している「アントレプレナーシップ（起業家精神）」をテーマとした特別講座も、あらゆる職業に通じる〝経営者目線〟を養う実践型のプログラムです。若き起業家のみなさんに特任教授として講座を受け持っていただいていますが、実は、彼らは西大和学園の卒業生なのです。

大和大学の学生たちは、同じ西大和学園グループの先輩たちが世界で活躍する姿に圧倒され、またおおいに刺激を受けることでしょう。

西大和学園ゆずりの面倒見のよさで有名企業・難関大学院に続々合格

大和大学ならではの学びの特徴、その二つめは「手厚いキャリア支援が受けられる」ということです。

これまで多数の難関大学合格者を輩出してきた西大和学園の経験とノウハウを活かし、大和大学では就職採用試験や教員採用試験、各種の国家試験、大学院進学など、学生たちの挑戦を後押しするシステムを整えました。目指すは全学生の卒業時の出口保証。つまり就職や大学院への進学など、あらゆる進路希望を必ず叶えてあげることです。

大和大学のユニークなキャリア支援のひとつが「クラス担任制」です。クラス担任を置く大学は珍しいようですが、担任教員が学生一人ひとりの進路希望や就職活動の状況に日頃から目を配っておけば、それだけ手厚く、きめ細かい進路指導ができます。大和大学ではクラス担任とキャリアセンターがタッグを組み、希望に応じた企業の紹介や、採用試験合格に向けての対策のアドバイスなど、4年間にわたり親身にサポートしています。

他にも、難関資格の取得支援で高い実績をあげる大手専門学校LECに協力を仰いでの「公務員試験対策特別講座」など各種資格対策講座やTOEIC対策講座、また地方自治体や現役国会議員事務所、国内有数の研究力を誇る大学院でのインターンシップなど、学生たちが本当にやりたいことを見つけるため、そして本当に働きたい職場、学びたい学校に進むためのプログラムを多数設けています。

学生と教員、学生と大学職員の距離が格段に近い大和大学は「日本一、大学関係者の顔が見える大学」と言っても決して過言ではありません。せっかく大和大学を選んでくれたのだから、入口から4年後の出口まで何らかの形で関わりたい。せっかく高いお金を払って学んでくれているのだから、彼らの夢や希望に沿う学生ファースト、保護者ファーストでありたいのです。

大和大学の面倒見のよさは、西大和学園イズムそのものです。そして、西大和学園の進学実績同様、大和大学の高い就職・進学実績は、そのイズムが間違っていないことを証明してくれています。

たとえば、政治経済学部の２０２３年度卒業生（２０２４年3月卒業）で就職を希望する１２１名のうち、就職内定者は１１５名と、就職内定率は95・０％。そのうち、東証プライム市場上場企業への就職内定率は37・２％。従業員５０００名以上の大企業への就職内定率は29・８％と、関西有名私大に匹敵する就職実績をあげています（23年11月時点）。

２０２４年3月に第１期卒業生を送り出した理工学部でも、実就職率１００％（就職希望者１６０名全員が就職内定）を達成し、そのうちの約５人にひとりが有名企業４００社への就職内定を決めました。有名企業４００社とは、日経平均株価や会社規模、知名度、大学生の人気企業ランキングなどを参考に株式会社大学通信が選出した企業のことで、大学の〝就職力〟を測る指標によく使われるデータです（23年12月時点）。

理工学部では、国公立大学大学院への進学支援も積極的に行っています。その成果は初年度から表れており、２０２３年12月時点で東京大学工学研究科に2名が合格したほか、大阪大学、名古屋大学、大阪公立大学、筑波大学などの難関大学大学院に多数の合格者が出ています。

西大和学園の国際教育の集大成「グローバルビジネス学科」誕生

大和大学ならではの学びとして、私がもっとも大切にしているのは「学生たちの可能性に天井を設けない」ということです。西大和学園の子どもたち同様、大和大学に入学してくる子のなかにも、「自分の学力で就職できるのはここぐらい」とか「これ以上勉強しても意味がない」と、自分の進む道を自ら閉ざそうとする学生はとても多いのです。

〝その先の未来〟を望めば、いくらでも機会やチャンスが用意されている。

大和大学はそんな大学を目指し、試行錯誤しながらこの10年で様々な取り組みをしてきました。

すでに紹介しましたが、白鳳短大から系列の大和大学ほか4年制大学に編入できるシステムや、他の難関国公立大学院への積極的な進学支援なども、学びを深めたいという学生たちの意欲に応えた取り組みの一部です。

また、英語力や国際感覚を身につけたいという学生に向けて、留学支援制度も充実させています。学生は1年、または半年間留学しても4年間で大和大学の卒業資格を得られます。留学制度のほかにも、たとえば教育学部なら西大和学園カリフォルニア校でアメリカの教育現場を体験できる海外教育研究、保険医療学部なら海外看護研修や海外リハビリテーション研修など、学生一人ひとりの学びたい分野に沿った10日間の海外研修プログラムも設けています。

2024年4月、政治経済学部に誕生する「グローバルビジネス学科」は、まさに学生たちの可能性を押し広げ、当たり前のように世界をビジネスの場とする人材を輩出しようとの思いで開設した学科です。

多彩なプログラムのなかで特に力を入れているのが「Yamato World Ch

allenge（YWC）」。西大和学園グループが推し進めてきた国際教育の、現時点での結実と断言できる特別プログラムです。

全学生は1年次の「USAステージ」でシリコンバレーでのホームステイやGAFAMなどのスーパーグローバル企業訪問・ビジネス体験を、2年次の「ASIAステージ」で中国やインドなどアジア各国から1カ国を選択し、現地の強烈な熱気を感じながら現地企業とビジネスプロジェクトを遂行。そして、希望者には3年次に「GLOBALステージ」が用意され、海外留学や海外インターンシップを経験できます。

グローバルビジネス学科では英検などのスコアにより授業料の2分の1、または4分の1相当額の減免、またYWCプログラムにも参加者全員を対象とした費用支援制度を設けるなど、世界へ飛び出したい、グローバルビジネスを肌で感じたいという学生たちの夢を後押しする制度も充実させています。

大炎上した「東の早慶、西の大和」

大和大学では、開学から「日本を代表する一大総合大学」をひとつの目標としてきました。

「総合大学」に厳密な定義はありませんが、文系・理系を含む5つ以上の学部を有し、学生数は5000人規模とするのが一般的とされています。

この数字をひとつの目安に、この10年間で順次、学部や学科を増やしていった結果、現在の大和大学は文系・理系合わせて6つの学部が揃い、2023年の志願者は2万人に。2014年の開学時に372人だった学生数も、2023年には4000人、そして2027年には6000人を超える予定です。

総合大学としての確かな礎はできた。そう判断したタイミングで、大和大学では開学からの強い思いを広く世間に知ってもらおうと、こんなキャッチフレーズを前面に出した広告を打ちました。

「東の早慶、西の大和」をめざす

私としては、大学をつくろうと思った段階から、東大・京大に並び立つような総合大学にしようと決めていました。私学なら、ハイレベルで魅力あふれる早稲田大や慶応大が目標です。あらゆることが東京に一極集中している現状を打ち破り、関西の地から、大和大学から日本を動かす人材を輩出したい。「東の早慶、西の大和」には、そんな思いも込められています。

このキャッチフレーズがＣＭで流れると、予想をはるかに超えた反響を呼び起こしました。「短期間で超進学校に成長した西大和学園グループの大学だから期待できる」という好意的な意見もありましたが、多くはネガティブな反応でした。いわく、

「同等に並べるとは失礼だ。早慶に謝れ」

「東の早慶？　西の関関同立を超えてから言え」

ネット上では、それこそ炎上騒ぎとなりました。

ですが、この言葉はもちろん炎上商法を狙ったものではありません。

大和大学は夢いっぱいの大学です。学生たちに夢を持って人生を頑張れという以上、言っている側の私も、教員たちや大学職員たちも夢と目標を持たなければなりません。

そして「夢」というのは私にとって、必ず実現させる努力目標と同義です。

ひとつの高い理想を描いたら、その理想を実現するために緻密な計画を立て、勇気をもって実行に移す。そして、成果が出ても、出なくても、必ず次につながるように分析し、さらに高い理想に向けて次の目標を設定する。この４つの流れを地道に、精力的に繰り返していけば、夢や目標は必ず実現します。

大和大学もしかり。これまでの10年と同じく、これからの10年、20年についてもすでに緻密な計画を立て、粛々と実行に移している最中です。その計画を知る者からすれば、「東の早慶、西の大和」が実現しない理由を考えるほうが、むしろ難しいのです。

現在の大和大学では、西大和学園を無名の高校から進学校へと成長させた草創期のメンバーが重要なポストにつき、手腕をふるってくれています。

保健医療学部の学部長は、34歳にして西大和学園初の生え抜き校長となった平林先生。また教員2期生でそれぞれ校長も務めた今村先生は情報学部、上村先生は理工学部の学部長として、特に学生ファーストを合言葉にキャリア教育に尽力してくれています。

2023年4月に、西大和学園グループ肝いりでスタートするグローバルビジネス学科を率いるのは、同じ教員2期生の中岡先生です。西大和学園中高の校長時代には、西大和の教育を詰め込んだ「AIP（アクション・イノベーション・プログラム）」を推進していただけに、その手腕をぜひ大和大学でもおおいに発揮してほしいと願っています。

「大志を、まとえ」というスローガンのもと、大学づくりに取り組む私たちは学生たちの目標達成のために全力を尽くす。そして大きな夢と目標を持って入学してきた学生たちは「未来を切り拓く」という大志を持って目標達成に勤しむ。職員たちと学生たちがともに高め合い、ともに成長していくことで大和大学に新たな歴史が刻まれ、いずれ日本の大学における歴史や価値観を変えていく――。それこそが、私たち全員の夢であり、生涯をかけた使命なのです。

人生にウルトラCはない

大学づくりに奔走する日々のなか、西大和学園で生徒の前に立つ機会こそ減りましたが、それでも生徒たちに話をする機会をいただいたとき、私は必ずこう言っています。

「人生に一発逆転のウルトラCはないよ」

何事においても、つねに絶え間ない努力をする人が、結局多くの人から信頼され、信頼されることが自信につながります。逆に、人から信頼されていなかったら自分に自信が持てず、思いきった発想ができない。だから、いつまでたっても行動することができないのです。

それを強く思ったのは、まだ政治家を志す前、サラリーマン時代の経験からです。

私は化学薬品会社の研究所で工業薬品の開発をしていましたが、勤め始めて数年後のある日、社長からこんな指示を受けました。

「部下を5、6人つけるから、この商品の原価を1リットルあたり1円下げろ。ただし性能は下げるな。期限は1年やるから」

まだ26、27歳でいきなり大プロジェクトのリーダーを任されることになったのです。

化学の世界は、気の遠くなるようなデータ集積が必須ですから、定時に終わって帰宅するというわけにはいきません。研究所に寝泊まりしながら、それこそ24時間不眠不休でデータを取り続けるという毎日でした。

集まったプロジェクトメンバーには、私より年上も数人いました。それでも、チームをなんとかまとめて、期限が刻々と迫るなか失敗を繰り返しながら、最終的に期限内で原価を1円下げることに成功しました。

商品化された薬品は会社に多くの利益をもたらし、チームは表彰もされました。でも、その商品をつくったとか表彰されたということより私が一番うれしかったのは、1年間、どんなに大変な時期でも、みんなが若い私を信頼してくれて、協力してくれて、それが商品という形に結びついたことでした。

私にとって、これほど大きな自信につながった経験はありませんでした。

当時からすでに政治家になりたいと思っていたものの、あと一歩が踏み出せずに悶々とした時期が続いていました。しかし、この経験が私の背中を力強く押してくれました。「選挙でも必死に頑張ったら、みんなが投票用紙に『田野瀬』と書いてくれるかもしれない。よし、やってみよう！」

「信頼された」という自信が、発想と行動につながったのです。

思いもよらない意外な分野で、意外なときに、意外な人との出会いで、自分の可能性が一気に広がることが、どんな人にもあります。それは年齢も、性別も、学歴も関係ありません。そして、ひとたびその喜びを知ったら、自分が想像していた以上に豊かな人生を送ることができるのです。

生徒たちにも、教員たちにも、そんな経験をぜひしてほしい。さまざまな改革をしてきた西大和学園ですが、根底には私のそんな強い思いが流れ、西大和のＤＮＡとして受け継がれていると、私は思っています。

次世代のリーダーたちへ

西大和学園創立20周年記念式典のときのことです。

卒業生である1期生が壇上に上がり、開口一番、申し訳なさそうに言いました。

「僕らこの学校に、今、来ていいのかなと思います」

続けて、2期生が言いました。

「こんな学校になるとは、夢にも思いませんでした」

すると、会場のあちこちから、先生たちの声が上がりました。

「俺らもそうや‼」

開学40年足らずで、全国の名だたる進学校や名門校と肩を並べるほど進学実績を伸ばした西大和学園は「奇跡の学校」とも言われます。当事者である生徒たちも教員たちもそう思っているくらいですから、たしかに成長していく過程ではいくつかのラッキーがあったのかもしれません。たとえば、西大和らしい新たな教育を模索していたときに、たまたま、スーパーサイエンスハイスクールの募集が来たことなども、そのひとつでしょう。

しかし、「恐れずになんでもやってみよう」の精神で、そのチャンスの尻尾をつかんだのは教員たちであり、真剣に取り組んだ結果、成長したのは生徒たち自身です。そして、1期生の起こした最初の奇跡、これはもう奇跡でもなんでもなく、教職員、生徒一同の熱意以外の何ものでもありません。

1期生だけではありません。無名の私立高校に進学し、大学進学なんて考えてもいなかったのに、必死に勉強し、がむしゃらに受験に向き合い、そして輝かしい結果を残して卒業していった初期の生徒、その親御さんには感謝してもしきれない思いです。

1989年1月、西大和学園第1回卒業式で、学園を巣立つ1期生を代表して、生徒のひとりがこんな答辞を残してくれました。

「私たちの心のなかに一番強く残っているのは、日々の授業です。試行錯誤の連続、補習、そのときは非常に苦痛に思えた時間割。他校の友人の話を聞いて、うらやましく思ったこともあります。『3年後に目を向けろ』と言われ続けても、そのときにはまるで理解できず、反抗したこともありました。

しかし、今になってみれば、よく理解できます。その一つひとつが、今の私たちをつくってきたのです。そして、それは、この学園の礎になることを確信しています。

礎は、私たちが築きました」

どんな名門の進学校であれ、開学当初から「名門」や「進学校」と言われていたわけではありません。どの学校もゼロから1を生み出す苦しみを味わい、衝突を繰り返し、経験とノウハウを重ねながらその評価を獲得していっているのです。その意味では、私がこの本でお話ししたことは、もしかしたら特筆すべきことではないのかもしれません。

ただ、幸いなことに、西大和学園には私の夢を「無理」だとも「無謀」だとも思わず賛同し、夢の実現に向けて果敢にチャレンジし続けてくれる教員たちがいました。そして、元気すぎるほど元気だったけれど、とても素直で、大きな可能性を秘め、教員たちのチャレンジを正面から受け止めてくれる生徒たちがいました。

卒業生の答辞を引き合いに出すまでもなく、西大和学園の礎はたしかに彼らが築いたのです。その礎が強固だったからこそ、周囲から見れば驚くほどの速さで西大和学園は成長していくことができ、そのチャレンジし続ける姿勢は令和の時代を迎えた今、大和大学へも脈々と引き継がれているのです。

西大和学園の教育内容は全教員と全生徒が最後まであきらめることなく全力でつくりあげてきた結晶です。また、これからも全力で成長させていく学校です。この一点に関しては、ほかのどんな学校にも劣るものではないと自負しています。

西大和学園の校訓は「探究、誠実、気迫」。

なかでも「気迫」の言葉を校訓とする学校は珍しいと、よく言われます。

熱意と気迫をもって挑んだ「受験」や「教育」という経験が、彼らの可能性を広げるものだったのか。人生を豊かにするものだったのか。その答えは、卒業生たちの今後の活躍、そして教員たちが今も日夜奮闘する西大和学園の発展の成果いかんです。私も自分自身の夢を必死に追いながら、その成果が出る日を――高い理想と広い視野、そして誰からも信頼される人間力を武器に世界と渡りあう、真のグローバルリーダーが西大和学園から誕生するその日を――楽しみに待ちたいと思います。そして、私自身もあらゆる分野で日本を支え、日本の未来を輝かしいものにする人材の育成という夢を今後とも必死で追い続けたいと思います。

「西大和の出口に有名大学の入口がある」

これは１９８６年、西大和学園１期生を募集するための学校案内に、私が記した項目のうちのひとつです。そう言われるように学力をつけていくと、生徒や保護者に誓ったのです。そして、その誓いを果たすべく教員たちと走り続けてきました。

東京大学　８３７名。
京都大学　１７９９名。

国公立医学部　９３１名。

これは、２０２３年度の卒業生を見送った時点での、西大和学園の累計合格者数です。数字のうえで、当初の誓いは果たせたかに見えますが、実際は違います。西大和は変革を続ける学校であり、出口はさらに高みへと続いている——。

その意味では中学高校をはじめとする西大和学園グループのあらゆる教育も、まだ改革改善の途上にあり、まだまだ道半ばなのです。

大和大学

【STAFF】
構成／藤村幸代
装丁・デザイン・DTP／清水洋子
校正／阿部一恵（阿部編集事務所）
編集／加藤文隆（主婦の友社）

なぜ田舎《いなか》の無名高校《むめいこうこう》が東大《とうだい》、京大合格《きょうだいごうかく》トップ進学校《しんがくこう》になれたのか 西大和学園《にしやまとがくえん》の躍進《やくしん》

令和6年5月31日　第1刷発行

著　者　田野瀬《たのせ》良《りょう》太郎《たろう》
発行者　平野健一
発行所　株式会社主婦の友社
〒141-0021　東京都品川区上大崎3-1-1 目黒セントラルスクエア
電話 03-5280-7537（内容・不良品等のお問い合わせ）
049-259-1236（販売）
印刷所　大日本印刷株式会社
　ISBN978-4-07-459371-2

■本のご注文は、お近くの書店または主婦の友社コールセンター（電話0120-916-892）まで。
＊お問い合わせ受付時間　月～金（祝日を除く）　10：00 ～ 16：00
＊個人のお客さまからのよくある質問のご案内　https://shufunotomo.co.jp/faq/

※本書は2015年刊行『田舎の無名高校から東大、京大にバンバン合格した話』に加筆、修正のうえ再構成したものです。